PIZZA GENIALĂ

CUM SĂ FACI 100 DE PIZZA GUSTOASE ITALIENE

Mara Vîlculescu

Toate drepturile rezervate.

Disclaimer

Informațiile conținute în această carte electronică sunt menite să servească drept o colecție cuprinzătoare de strategii despre care autorul acestei cărți electronice a făcut cercetări. Rezumatele, strategiile, sfaturile și trucurile sunt doar recomandări ale autorului, iar citirea acestei cărți electronice nu va garanta că rezultatele cuiva vor oglindi exact rezultatele autorului. Autorul cărții electronice a depus toate eforturile rezonabile pentru a furniza informații actuale și exacte pentru cititorii cărții electronice. Autorul și asociații săi nu vor fi făcuți la răspundere pentru orice eroare sau omisiuni neintenționate care ar putea fi găsite. Materialul din cartea electronică poate include informații de la terți. Materialele terților cuprind opinii exprimate de proprietarii acestora. Ca atare, autorul cărții electronice nu își asumă responsabilitatea sau răspunderea pentru orice material sau opinii ale terților.

Cartea electronică este copyright © 2022 cu toate drepturile rezervate. Este ilegal să redistribuiți, să copiați sau să creați lucrări derivate din această carte electronică, integral sau parțial. Nicio parte a acestui raport nu poate fi reprodusă sau retransmisă sub nicio formă, fără permisiunea scrisă exprimată și semnată din partea autorului.

CUPRINS

CUPRINS...4

INTRODUCERE...8

    Clasificarea pizzelor...9

RETETE PIZZA...11

    1. Pizza cu pui la gratar...12
    2. Pizza de vita si ciuperci......................................16
    3. Pizza cu sos de broccoli și brânză........................21
    4. Pizza cu broccoli si sos de rosii...........................25
    5. Pizza cu pui de bivoliță......................................29
    6. Pizza cu chard și brânză albastră........................33
    7. Pizza cu chorizo și ardei roșu.............................37
    8. Pizza Delicata cu dovleac și smog......................41
    9. Pizza Confit de Rață..45
    10. Pizza de chiftele...49
    11. Pizza cu creveți mexicani................................54
    12. Pizza Nacho..58
    13. Pizza cu mazăre și morcovi.............................62
    14. Pizza Philly Cheesesteak..................................66
    15. Pizza polineziană..70
    16. Pizza cu plăcintă la oală..................................74
    17. Pizza cu cartofi, ceapă și chutney....................79
    18. Pizza cu prosciutto și rucola............................83
    19. pizza Ruben..87
    20. Pizza cu rădăcini prăjite..................................91
    21. Pizza cu cârnați și mere...................................96
    22. Pizza Shiitake..100
    23. Pizza cu spanac și ricotta...............................104
    24. Pizza cu salata de rucola................................108

25. Pizza Avocado 'n Everything.................................111
26. Pizza cu pui la gratar..114
27. Pizza cu capsuni la gratar...................................116
28. Broccoli Deep Dish Pizza....................................118
29. Plăcinte cu pizza cu pui de bivoliță.....................123
30. Pizza din California..126
31. Pizza cu ceapa caramelizata...............................130
32. Brânză Calzone..133
33. Pizza cu migdale și cireșe...................................136
34. Pizza în stil Chicago...139
35. Pizza Deep-Dish...142
36. Pizza la cuptor olandez.......................................146
37. Conuri de pizza cu salată de ouă.........................149
38. Pizza cu smochine, taleggio și radicchio.............152
39. Plăcintă cu unt de arahide congelată...................156
40. Super pizza la gratar..159
41. Pizza la gratar..161
42. Pizza alba la gratar cu soppressata.....................165
43. Pizza cu legume la gratar...................................170
44. Pizza cu mozzarella, rucola și lămâie..................173
45. Pizza mexicană..177
46. Mini Pizza Covrigi..181
47. Muffuletta Pizza...183
48. Pan Pizza...186
49. Pepperoni Pizza Chili...191
50. Pizza pesto..194
51. Pizza Philly Cheesesteak....................................197
52. Pizza pita cu masline verzi.................................200
53. Pizza Burgers...204
54. Lunchbox Pizza..206
55. Tratament cu fructe răcit....................................208
56. Pizza afumată..210
59. Pizza artizanală..216
60. Pepperoni Pizza Dip...218

- 61. Pizza cu ton 220
- 62. Pui cu aromă de pizza 222
- 63. Mic dejun Pizza 225
- 64. Pizza proaspătă de grădină 228
- 65. Coji de pizza 231
- 66. Pizza fierbinte italiană la tigaie 234
- 67. Pizza în stil New Orleans 236
- 68. Pizza de joi seara 239
- 69. Pizza cu legume mixte 243
- 70. Pizza cu hamburger 245
- 71. Crema de pizza 248
- 72. Roma Fontina Pizza 251
- 73. Pizza picantă cu pui cu spanac 253
- 74. Pizza de Paste 258
- 75. Pizza Super-Bowl 262
- 76. Pizza cu turtă 266
- 77. Pizza de dimineață 269
- 78. Backroad Pizza 272
- 79. Pizza prietenoase pentru copii 274
- 80. Pizza în stil Pennsylvania 276
- 81. Pizza cu unt 279
- 82. Pizza Worcestershire 282
- 83. Pizza cu carne de vita la gratar 285
- 84. Pizza Rigatoni 287
- 85. Pizza în stil mexican 289
- 86. Pizza mediteraneana 293
- 87. Pizza cu tot cu ardei și ceapă 296
- 88. IUBESC pizza 299
- 89. Pizza cu cartofi cu tofu 302
- 90. Pizza grecească 305
- 91. Salata de pizza 308
- 92. Desert Pizza 311
- 93. Picnic Mini Pizza 314
- 94. Pizza cu nuci tropicale 317

95. Pizza cu pui cu afine..319
96. Pizza dulce si sarata...321
97. Pizza Dijon de toamnă..325
98. Pizza cu unt de gorgonzola...328
99. Pizza cu struguri cu rucola...330
100. Pizza în stil francez..333

CONCLUZIE..**335**

INTRODUCERE

Pizza este o plăcintă plată, deschisă, de origine italiană, constând dintr-o crustă asemănătoare pâinii, acoperită cu sos de roșii condimentat și brânză, adesea garnisită cu carne și legume sărate.

În mod tradițional, pizza a fost clasificată după grosime, formă și platformă de asamblare.

Clasificarea pizzelor

A. Grosimea crustei

Pizza vine în versiuni cu crustă subțire, medie și groasă. Cantitatea de aluat este principalul factor care afectează grosimea crustei. Cu toate acestea, cantitatea de creștere joacă, de asemenea, un rol. Aluatul care este fie sub-creștet, fie supra-crescut, fie este aplatizat înainte de coacere, tinde să producă o crustă mai subțire decât cel căruia i se permite să crească (sau să se dovedească) la un nivel optim după rulare și înainte de coacere.

B. Formă

Pizza sunt, de asemenea, clasificate după formă - și anume, rotunde și dreptunghiulare. Pizza care este făcută într-o tavă dreptunghiulară este uneori numită pizza „brutărie italiană" - locul de unde a provenit. Cu toate acestea, rotunda este cea mai comună formă în pizzerii, probabil pentru că este cea mai ușor de făcut.

Există, de asemenea, forme de specialitate, cum ar fi pizza în formă de inimă, care este un favorit peren de Ziua Îndrăgostiților.

C. Asamblare

Pizza sunt, de asemenea, clasificate în funcție de platforma pe care sunt asamblate. Practic, există trei: tigaie, sită și coajă (sau paddle) - cunoscute sub denumirea de pizza tigaie, pizza de ecran și, respectiv, pizza coaptă pe vatră. Pizza la tigaie se mai numește și pizza cu preparate adânci și pizza la tigaie. Pizzale cu crustă mai groasă tind să fie făcute într-o tigaie, în timp ce cele mai subțiri sunt adesea asamblate pe un ecran sau coajă. Când este făcută pe coajă, o pizza este coaptă direct pe vatră sau pe suportul cuptorului. O variație a pizza coaptă pe vatră implică prepararea și coacerea pizza pe hârtie tratată cu silicon care nu arde.

RETETE PIZZA

1. Pizza cu pui la gratar

Ingredient

- Fie făină universală pentru coaja pizza, fie spray antiaderent f
- 1 aluat de casa
- 6 linguri de sos de gratar (folositi orice varietate doriti, de la cald la usor)
- 4 uncii (1/4 lira) provolone afumat sau elvetian afumat, mărunțit
- 1 cană carne de pui tocată, fiartă
- 1/2 ceapă roșie mică, tăiată cubulețe (aproximativ 1/2 cană)
- linguriță de frunze de oregano tocate sau 1/2 linguriță de oregano uscat
- uncie Parmigiana, ras fin
- 1/2 lingurita fulgi de ardei rosu, optional

Directii:

a) Aluat proaspăt pe o piatră de pizza. Mai întâi, pudrați ușor o coajă de pizza cu făină. Adăugați aluatul și formați-l într-un cerc mare, prind-l mai întâi cu vârfurile degetelor, apoi ridicându-l de margine și modeland-l cu mâinile într-un cerc de aproximativ 14 inci în diametru. Pune aluatul cu faina in jos pe coaja.

b) Aluat proaspăt pe o tavă de pizza. Se unge fie cu spray antiaderent și se așează aluatul într-o movilă în centrul tăvii sau al foii de copt. Scurgeți aluatul cu vârful degetelor, apoi trageți și apăsați aluatul până când formează un cerc de aproximativ 14 inchi în diametru pe tavă sau un dreptunghi neregulat, de aproximativ 13 × 7 inci, pe tava de copt.

c) O crustă coptă. Puneți-o pe o coajă de pizza dacă utilizați o piatră pentru pizza - sau puneți crusta coaptă chiar pe o tavă pentru pizza.

d) Folosește o spatulă de cauciuc pentru a întinde uniform sosul de grătar peste aluatul pregătit, lăsând o margine de 1/2 inch la margine. Acoperiți cu brânză mărunțită, afumată.

e) Aranjați bucățile de pui peste brânză, apoi stropiți cu ceapa tăiată cubulețe și oregano.

f) Acoperiți cu parmigiana rasă și fulgii de ardei roșu, dacă folosiți. Glisați plăcinta de la coajă pe piatra foarte fierbinte - sau puneți tava de pizza cu plăcinta ei fie chiar în cuptor, fie pe porțiunea din grătarul care nu este direct peste sursa de căldură.

g) Coaceți sau grătar cu capacul închis până când crusta devine aurie și brânza s-a topit și chiar a început să se rumenească ușor, 16 până la 18 minute. Treceți coaja înapoi sub crustă pentru a o îndepărta de pe piatră sau transferați tava de pizza sau foaia de făină cu plăcinta pe un grătar. Lăsați plăcinta deoparte să se răcească timp de 5 minute înainte de a tăia și servi.

2. Pizza de vita si ciuperci

Ingredient

- Făină universală pentru prăfuirea cojii pizza sau spray antiaderent pentru ungerea tavii pentru pizza
- 1 aluat de casa
- 1 lingura unt nesarat
- 1 ceapă galbenă mică, tocată (aproximativ 1/2 cană)
- 5 uncii cremini sau ciuperci albe, feliate subțiri (aproximativ 11/2 căni)
- 8 uncii (1/2 lira) carne de vită macră
- 2 linguri de sherry uscat, vermut uscat sau vin alb sec
- 1 lingura frunze de patrunjel tocate
- 2 lingurite sos Worcestershire
- 1 lingurita frunze de cimbru cu tulpina
- 1 lingurita frunze de salvie tocate
- 1/2 linguriță sare
- 1/2 linguriță piper negru proaspăt măcinat

- 2 linguri de sos de friptură îmbuteliat
- 6 uncii Cheddar, mărunțit

Directii

a) Aluat proaspăt pe o piatră de pizza. Pudrați o coajă de pizza cu făină și puneți aluatul în centru. Formați aluatul într-un cerc mare prind-o gropițe cu vârful degetelor.

b) Aluat proaspăt pe o piatră de pizza. Pudrați o coajă de pizza cu făină. Puneți aluatul pe el și folosiți vârfurile degetelor pentru a întinde aluatul într-un cerc mare. Ridicați aluatul de marginea lui și întoarceți-l în mâini până când devine un cerc de aproximativ 14 inci în diametru. Puneți aluatul modelat cu faina în jos pe coajă.

c) Aluat proaspăt pe o tavă de pizza. Se unge fie cu spray antiaderent. Așezați aluatul pe tavă sau pe foaia de copt, ștergeți-l cu vârful degetelor, apoi trageți și apăsați-l până când formează un cerc de 14 inchi pe tavă sau un dreptunghi neregulat de 12 × 7 inchi pe foaia de copt.

d) O crustă coptă. Puneți-o pe o coajă de pizza dacă utilizați o piatră pentru pizza - sau puneți crusta coaptă chiar pe o tavă pentru pizza.

e) Topiți untul într-o tigaie mare, pusă la foc mediu. Adăugați ceapa gătită, amestecând des, până se înmoaie, aproximativ 2 minute.

f) Adăugați ciupercile, continuați să gătiți, amestecând din când în când, până se înmoaie, își degajă lichidul și se evaporă până la o glazură, aproximativ 5 minute.

g) Se prăbușește în carnea de vită tocată, amestecând din când în când, până se rumenește bine și este gătită, aproximativ 4 minute.

h) Se amestecă sherry sau înlocuitorul acestuia, pătrunjelul, sosul Worcestershire, cimbru, salvie, sare și piper. Continuați să gătiți, amestecând constant, până când tigaia este din nou uscată. Pune deoparte de pe foc.

i) Întindeți uniform sosul de friptură peste crustă, lăsând un chenar de 1/2 inch la margine. Acoperiți cu Cheddar mărunțit, păstrând acel chenar curat.

j) Cu lingura și întindeți amestecul de carne de vită în mod uniform peste brânză. Apoi alunecă pizza de pe coajă pe piatra fierbinte - sau așezați plăcinta pe tava pentru pizza sau foaia de făină fie în cuptor, fie peste porțiunea neîncălzită a grătarului.

k) Coaceți sau grătar cu capacul închis până când brânza a început să clocotească și crusta este maronie la margine și oarecum fermă la atingere, 16 până la 18 minute. Asigurați-vă că trageți orice bule de aer care apar pe aluatul proaspăt, în special la margine și în special în primele 10 minute de coacere. Glisați coaja înapoi sub crustă, având grijă să nu dislocați topping-ul, apoi lăsați-l deoparte timp de 5 minute sau puneți pizza pe tava pentru pizza pe un grătar pentru aceeași perioadă de timp înainte de a tăia și a servi. Deoarece blaturile sunt deosebit de grele, este posibil să nu fie posibilă îndepărtarea cu ușurință a pizza de pe coajă, tavă sau foaie de copt înainte de a tăia felii. Dacă folosiți o tavă antiaderență sau o foaie de copt, transferați cu atenție întreaga plăcintă pe o placă de tăiat pentru a evita tăierea suprafeței antiaderență.

3. Pizza cu sos de broccoli și brânză

Ingredient

- Făină universală pentru curățarea cojii de pizza sau spray antiaderent pentru ungerea unei tavi de pizza
- 1 aluat de casa
- 2 linguri de unt nesarat
- 2 linguri de făină universală
- 11/4 căni de lapte obișnuit, cu conținut scăzut de grăsimi sau fără grăsimi
- 6 uncii Cheddar, mărunțit
- 1 lingurita mustar de Dijon
- 1 linguriță frunze de cimbru cu tulpină sau 1/2 linguriță de cimbru uscat
- 1/2 linguriță sare
- Câteva liniuțe de sos de ardei roșu iute
- 3 cesti buchetele de broccoli proaspete, buchetele de broccoli aburite sau congelate, decongelate (
- 2 uncii Parmigiana sau Grana Padano, ras fin

Directii:

a) Aluat proaspăt pe o piatră de pizza. Pudrați o coajă de pizza cu făină. Așezați aluatul în centrul cojii și formați aluatul într-un cerc mare prind-o gropițe cu vârful degetelor. Ridicați aluatul și rotiți-l ținându-l de margine, trăgându-l ușor în timp ce faceți acest lucru, până când crusta este un cerc de aproximativ 14 inci în diametru. Pune-l cu faina in jos pe coaja.

b) Aluat proaspăt pe o tavă de pizza. Ungeți unul sau altul cu spray antiaderent. Așezați aluatul pe tavă sau foaie de copt ștergeți aluatul cu vârful degetelor până devine un cerc aplatizat. Topiți untul într-o cratiță mare pusă la foc mediu. Se amestecă făina până când se omogenizează și amestecul rezultat devine blond foarte deschis, aproximativ 1 minut.

c) Reduceți focul la mediu-mic și adăugați laptele, turnându-l într-un jet lent și constant în amestecul de unt și făină. Continuați să bateți la foc până se îngroașă, ca înghețata topită, poate puțin mai subțire, aproximativ 3 minute sau la primul semn de fierbere. Luați tigaia de pe foc și amestecați Cheddar mărunțit, muștar, cimbru, sare și sos de ardei roșu iute (după gust). Se răcește timp de 10 până la 15 minute, amestecând din când în când.

d) Dacă lucrați cu o crustă coptă, sări peste acest pas. Dacă folosiți aluat proaspăt, glisați crusta modelată, dar care nu este încă acoperită, de la coajă pe piatra fierbinte sau puneți crusta pe tava sau foaie de copt fie în cuptor, fie peste porțiunea neîncălzită a grătarului. Coaceți sau grătar cu capacul închis până când crusta devine maro deschis, având grijă să spargeți orice bule de aer care apar pe suprafața sau pe marginea acesteia, aproximativ 12 minute. Glisați coaja înapoi sub crustă pentru a o îndepărta de pe piatră sau transferați tava de pizza cu crustă pe un grătar.

e) Întindeți sosul gros de brânză peste crustă, lăsând un chenar de 1/2 inch la margine. Acoperiți cu buchetele de broccoli, aranjandu-le uniform peste sos. Se presara cu parmigiana rasa.

4. Pizza cu broccoli si sos de rosii

Ingredient

- Fie făină de porumb galbenă pentru a curăța coaja de pizza, fie ulei de măsline pentru ungerea unei tavi de pizza
- 1 aluat de casa
- 1 piment mare borcanat sau ardei roșu prăjit
- 1/2 linguriță fulgi de ardei roșu
- 1/2 cană Sos Classic Pizza
- 3 uncii de mozzarella, mărunțită
- 3 uncii de provolone, Muenster sau Havarti, mărunțit
- 2 cesti buchetele de broccoli congelate sau buchetele proaspete, fierte la abur
- 1 uncie Parmigiana sau Grana Padano, ras fin

Directii

a) Aluat proaspăt pe o piatră de pizza. Pudrați o coajă de pizza cu făină și puneți aluatul în centru. Formați aluatul într-un cerc mare prind-o gropițe cu vârful degetelor.

b) Aluat proaspăt pe o piatră de pizza. Pudrați o coajă de pizza cu făină de porumb. Așezați aluatul sub formă de bulgări pe coajă și apoi ștergeți-l cu vârful degetelor până când devine un cerc mare. Ridicați aluatul, țineți-l de margine cu ambele mâini și rotiți-l, întinzându-l ușor, până când devine un cerc de aproximativ 14 inci în diametru. Puneți-o cu faina de porumb în jos pe coajă. Dacă ați folosit aluatul de pizza cu speltă, poate fi prea fragil pentru a fi modelat cu această tehnică

c) Aluat proaspăt pe o tavă de pizza. Ungeți tava sau tava de copt cu ulei de măsline. Așezați aluatul pe oricare și ștergeți-l cu vârful degetelor - apoi trageți și apăsați aluatul până când formează un cerc de 14 inchi pe tavă sau un dreptunghi neregulat, de 13 inci lungime pe 7 inci lățime, pe foaia de copt. O crustă coptă. Puneți-o pe o coajă de pizza cu făină dacă utilizați o piatră de pizza - sau puneți crusta coaptă chiar pe o tavă pentru pizza.

d) Puneți piureul cu fulgii de ardei roșu într-un mini robot de bucătărie până se omogenizează. Alternativ, măcinați-le într-un mojar cu un pistil până la o pastă netedă. Pus deoparte. Întindeți uniform sosul de pizza peste crusta pregătită, lăsând un chenar de 1/2 inch la margine. Acoperiți cu ambele brânzeturi mărunțite, păstrând acel chenar intact.

e) Presărați buchețele de broccoli în jurul plăcintei, lăsând din nou acel chenar intact. Puneți deasupra piureul de piment, folosind aproximativ 1 linguriță pentru fiecare linguriță. Acoperiți cu parmigiana rasă fin. Glisați cu grijă pizza din coajă pe piatra fierbinte sau, dacă ați folosit o tavă de pizza sau o foaie de copt, puneți fie cu plăcinta ei în cuptor, fie peste porțiunea neîncălzită a grătarului.

f) Coaceți sau grătar cu capacul închis până când brânza s-a topit, sosul roșu este gros, iar crusta este maro aurie și fermă la atingere, 16 până la 18 minute.

g) Fie puneți coaja înapoi sub pizza pentru a o scoate de pe piatra foarte fierbinte, fie transferați pizza pe tava sau foaia de copt pe un grătar. Dacă doriți să vă asigurați că crusta rămâne crocantă, scoateți plăcinta de pe coajă, tavă sau foaie de copt după ce s-a răcit timp de aproximativ 1 minut, puneți pizza direct pe grătar. În orice caz, se răcește în total 5 minute înainte de a tăia felii.

5. Pizza cu pui de bivoliță

Ingredient

- Fie făină de porumb galbenă pentru a praf coaja de pizza, fie unt nesărat pentru a unge o tavă de pizza
- 1 aluat de casa
- 1 lingura unt nesarat
- 10 uncii piept de pui dezosat și fără piele, feliat subțire
- 1 lingura sos de ardei rosu iute, de preferat Tabasco
- 1 lingură sos Worcestershire
- 6 linguri de sos de chile îmbuteliat, precum Heinz
- 3 uncii de mozzarella, mărunțită
- 3 uncii Monterey Jack, mărunțit
- 3 coaste medii de telina, feliate subtiri
- 2 uncii de brânză albastră, cum ar fi Gorgonzola, albastru danez sau Roquefort

Directii

a) Aluat proaspăt pe o piatră de pizza. Pudrați o coajă de pizza cu făină și puneți aluatul în centru. Formați aluatul într-un cerc mare prind-o gropițe cu vârful degetelor.

b) Aluat proaspăt pe o piatră de pizza. Pudrați o coajă de pizza cu făină de porumb. Așezați aluatul în centrul cojii și formați aluatul într-un cerc mare prind-o gropițe cu vârful degetelor. Ridicați aluatul și modelați-l cu mâinile, ținându-i marginea, întorcându-l încet până când devine un cerc de aproximativ 14 inci în diametru. Puneți-o cu faina de porumb în jos pe coajă.

c) Aluat proaspăt pe o foaie de copt. Ungeți puțin unt nesărat pe un prosop de hârtie, apoi frecați-l în jurul unei tăvi de pizza pentru a o unge bine. Așezați aluatul pe tavă sau foaie de copt ștergeți aluatul cu vârful degetelor până devine un cerc aplatizat. Apoi trageți și apăsați-l până când formează un cerc de 14 inchi pe tavă sau un dreptunghi neregulat de 12 × 7 inci pe tava de copt. O crustă coaptă. Puneți-o pe o coajă de pizza prăfuită cu făină de porumb dacă utilizați o piatră de pizza - sau puneți crusta coaptă pe o tavă pentru pizza unsă cu unt sau o foaie mare de copt.

d) Topiți untul într-o tigaie mare sau într-un wok la foc mediu. Adăugați bucătarul de pui feliat, amestecând des, până când este fiert, aproximativ 5 minute. Scoateți tigaia sau wok-ul de pe foc și adăugați sosul de ardei roșu iute și sosul Worcestershire. Întindeți sosul de chile peste crustă, având grijă să lăsați un chenar de 1/2 inch la margine. Așezați puiul tăiat felii peste sos.

e) Acoperiți cu mozzarella mărunțită și Monterey Jack, păstrând marginea crustei. Presărați țelina feliată uniform peste plăcintă. În cele din urmă, sfărâmă brânza albastră în mod uniform, în bucăți mici și pe toate celelalte toppinguri.

6. Pizza cu chard și brânză albastră

Ingredient

- Făină de porumb galbenă pentru coajă sau spray antiaderent pentru tava de pizza sau tava de copt
- 1 aluat de casa,
- 2 linguri de unt nesarat
- 3 catei de usturoi, tocati
- 4 căni de frunze de smog elvețiene, bine împachetate, mărunțite, cu tulpină
- 6 uncii de mozzarella, mărunțită
- 1/3 cană de Gorgonzola mărunțit, albastru danez sau Roquefort
- 1/2 lingurita nucsoara rasa
- Până la 1/2 linguriță fulgi de ardei roșu, opțional

Directii

a) Aluat proaspăt pe o piatră de pizza. Pudrați o coajă de pizza cu făină și puneți aluatul în centru. Formați aluatul într-un cerc mare prind-o gropițe cu vârful degetelor.

b) Aluat proaspăt de pizza pe o piatră de pizza. Pudrați o coajă de pizza cu mălai, apoi puneți aluatul în centru. Formează-l într-un cerc mare prind-o gropițe cu vârful degetelor. Ridică-l și modelează-l cu mâinile, ținându-i marginea, răsucind încet aluatul până când are aproximativ 14 inci în diametru. Pune-l cu faina in jos pe coaja.

c) Aluat proaspăt pe o tavă de pizza. Ungeți oricare dintre ele cu spray antiaderent. Așezați aluatul pe tavă sau foaie de copt și ștergeți aluatul cu vârful degetelor - apoi trageți și apăsați-l până când formează un cerc de 14 inchi pe tavă sau un dreptunghi neregulat de 12 × 7 inchi pe foaia de copt.

d) O crustă coptă. Puneți-o pe o coajă de pizza dacă utilizați o piatră pentru pizza - sau puneți crusta coaptă chiar pe o tavă pentru pizza.

e) Se încălzește untul într-o tigaie mare la foc mediu. Adăugați usturoiul și gătiți timp de 1 minut.

f) Adăugați verdeața și gătiți, aruncând des cu clești sau două furculițe, până când se înmoaie și se ofilesc, aproximativ 4 minute. Pus deoparte.

g) Presărați mozzarella mărunțită peste aluat, lăsând un chenar de 1/2 inch în jurul marginii.

h) Acoperiți cu amestecul de verdeață din tigaie, apoi presărați brânză albastră peste pizza. Deasupra se rade nucsoara si se presara fulgii de ardei rosu, daca se doreste.

i) Trece pizza de pe coajă pe piatra fierbinte sau pune plăcinta pe tava sau foaia ei de făină fie la cuptor, fie pe partea neîncălzită a grătarului. Coaceți sau grătar cu capacul închis până când brânza se topește și clocotește, iar crusta este fermă la atingere, 16 până la 18 minute. Treceți coaja înapoi sub plăcintă pentru a o scoate de pe piatra fierbinte, apoi lăsați-o deoparte sau transferați plăcinta pe tava sau foaie de copt pe un grătar. Se răcește timp de 5 minute înainte de a tăia felii.

7. Pizza cu chorizo şi ardei roşu

Ingredient

- Fie făină universală pentru prafuri de coajă, fie spray antiaderent pentru ungerea tavii pentru pizza
- 1 aluat de casa,
- 1 ardei gras rosu mediu
- roșii uscate la soare, ambalate în ulei
- 1 cățel de usturoi, tăiat în patru
- uncii de mozzarella sau Monterey Jack, măruntită
- 4 uncii (1/4 lira) chorizo spaniol gata de consumat, feliate subțire
- 1/2 cană măsline verzi fără sâmburi tăiate felii
- 3 uncii Manchego sau Parmigiana, ras în fâșii subțiri

Directii

a) Aluat proaspăt pe o piatră de pizza. Pudrați o coajă de pizza cu făină și puneți aluatul în centru. Formați aluatul într-un cerc mare prind-o gropițe cu vârful degetelor.

b) Aluat proaspăt pe o piatră de pizza. Începeți prin a pudra o coajă de pizza cu făină, apoi puneți aluatul în centru. Folosiți vârfurile degetelor pentru a șterge aluatul, întindeți-l puțin până devine un cerc aplatizat. Ridică-l și modelează-l ținând-o de margine și rotind-o încet până când are aproximativ 14 inci în diametru. Pune-l cu faina in jos pe coaja.

c) Aluat proaspăt pe o foaie de copt. Ungeți o tavă de pizza cu spray antiaderent. Așezați aluatul pe tavă sau pe foaia de copt, ștergeți-l cu vârful degetelor până când devine un cerc aplatizat; apoi trageți și apăsați-l până când formează un cerc de 14 inchi pe tavă sau un dreptunghi neregulat de 12 × 17 inci pe foaia de copt. O crustă coptă. Puneți-o pe o coajă de pizza cu făină dacă utilizați o piatră de pizza - sau puneți crusta coaptă chiar pe o tavă pentru pizza.

d) Puneți ardeiul pe o foaie de copt mică, cu buze și prăjiți la 4 până la 6 inci dintr-un grătar preîncălzit până se înnegrește de jur împrejur, întorcându-l ocazional, aproximativ 4 minute. În ambele cazuri, puneți ardeiul înnegrit într-un castron mic și sigilați bine cu folie de plastic sau sigilați într-o pungă de hârtie. Se lasa deoparte 10 minute.

e) Scoateți bucățile exterioare înnegrite de ardei. Nu este nevoie să îndepărtezi fiecare bucățică neagră. Ardeiul are tulpina, miezul și sămânța înainte de a-l rupe în bucăți mari. Pune aceste bucăți într-un robot de bucătărie. Adăugați roșiile uscate la soare și procesul de usturoi până la o pastă destul de netedă, răzuind părțile laterale cu o spatulă de cauciuc, dacă este necesar. Întindeți amestecul de ardei peste crustă, lăsând un chenar de 1/2 inch la margine. Acoperiți amestecul de ardei cu brânză mărunțită, apoi aranjați feliile de chorizo peste pizza.

f) Presărați măsline peste plăcintă, apoi puneți fâșiile ras de Manchego peste toppinguri.

8. Pizza Delicata cu dovleac şi smog

Ingredient

- Făină universală pentru coaja de pizza sau ulei de măsline pentru tava pentru pizza
- 1 aluat de casa
- 1 lingura unt nesarat
- ceapa galbena mica, tocata (aproximativ 1/2 cana)
- ceașcă de dovleac delicata cu semințe și tăiat cubulețe (2 sau 3 dovlecei medii)
- 4 căni de frunze de smog tocate, cu tulpină
- 1/4 cană vin alb sec sau vermut sec
- lingura sirop de artar
- 1 lingurita frunze de salvie tocate
- 1/2 linguriță de scorțișoară măcinată
- 1/2 linguriță sare
- 1/2 linguriță piper negru proaspăt măcinat
- 8 uncii Fontina, mărunțită

Directii

a) Aluat proaspăt pe o piatră de pizza. Pudrați o coajă de pizza cu făină și puneți aluatul în centru. Formați aluatul într-un cerc mare prind-o gropițe cu vârful degetelor.

b) Aluat proaspăt pe o piatră de pizza. Pudrați ușor o coajă de pizza cu făină. Adăugați aluatul și formați-l într-un cerc mare prind-o gropițe cu vârful degetelor. Ridică-l cu ambele mâini la margine și rotește-l încet, lăsând gravitația să întindă cercul în timp ce faci asta și la marginea lui, până când are aproximativ 14 inci în diametru. Puneți aluatul modelat cu faina în jos pe coajă.

c) Aluat proaspăt pe o tavă de pizza. Ungeți ușor tava sau tava de copt cu puțin ulei de măsline. Așezați aluatul în centru și ștergeți aluatul cu vârful degetelor pentru a-l aplatiza într-un cerc gros - apoi trageți și apăsați-l până când formează un cerc de 14 inchi pe tavă sau un dreptunghi neregulat de 12 × 7 inci pe tava de copt. .

d) O crustă coptă. Puneți-o pe o coajă de pizza cu făină dacă folosiți o piatră de pizza - sau puneți crusta coaptă pe o tavă pentru pizza. Topiți untul într-o tigaie mare, pusă la foc mediu, apoi adăugați ceapa și gătiți, amestecând des, până devine translucid, aproximativ 3 minute. Se amestecă dovleceii tăiați cubulețe și se gătesc, amestecând din când în când, timp de 4 minute. Adăugați mătgul tocat și turnați vinul sau vermutul. Se amestecă constant până se ofilește parțial, apoi se amestecă siropul de arțar, salvie, scorțișoară, sare și piper.

e) Se amestecă bine, se acoperă, se reduce focul la mic și se gătește, amestecând din când în când, până când mătgul și dovleceii sunt fragezi și lichidul s-a evaporat până la o glazură, aproximativ 8 minute. Întindeți Fontina mărunțită uniform peste crustă, lăsând un chenar de 1/2 inch în jurul marginii acesteia.

f) Peste brânză se răspândește uniform dovleceii și mătgul. Alunecați crusta de pe coajă și pe piatra încălzită sau puneți plăcinta pe tava sau foaia ei de copt în cuptor sau peste porțiunea neîncălzită a grătarului. Coaceți sau grătar cu capacul închis până când brânza clocotește și crusta a devenit maro aurie, 16 până la 18 minute.

g) Treceți coaja înapoi sub crustă pentru a o scoate de pe piatră și a se răci timp de 5 minute, sau transferați plăcinta pe tava sau foaie de copt pe un grătar pentru a se răci timp de 5 minute.

9. Pizza Confit de Rață

Ingredient

- Făină universală pentru coaja de pizza sau spray antiaderent pentru tava pentru pizza
- 1 aluat de casa
- 4 uncii (1/4 liră) Gruyère, mărunțit
- 1/3 cană fasole albă conservată, scursă și clătită
- 1 cap de usturoi prajit
- 2 linguri de frunze de salvie tocate sau 1 lingura de salvie uscata
- 2 lingurițe frunze de cimbru cu tulpină sau 1 linguriță de cimbru uscat
- 1/2 linguriță sare
- 1/2 linguriță piper negru proaspăt măcinat
- Pulpe de rață confit de 4 uncii, dezosate și carnea mărunțită
- 2 uncii kielbasa afumată, gata de consumat, feliată subțire
- 1 1/2 uncii Parmigiana, ras fin

Directii

a) Aluat proaspăt pe o piatră de pizza. Pudrați o coajă de pizza cu făină și puneți aluatul în centru. Formați aluatul într-un cerc mare prind-o gropițe cu vârful degetelor.

b) Aluat proaspăt pe o piatră de pizza. După ce ați pudrat o coajă de pizza cu făină, puneți aluatul în centru și ștergeți aluatul cu vârful degetelor, întindeți-l până devine un cerc aplatizat, ondulat. Ridică-l de margine și rotește-l încet cu mâinile tale, întinzând marginea în timp ce faci asta, până când devine un cerc de aproximativ 14 inci în diametru. Pune aluatul cu faina in jos pe coaja.

c) Aluat proaspăt pe o tavă de pizza. Se unge fie cu spray antiaderent si se pune aluatul in centru. Strângeți aluatul cu vârful degetelor - apoi trageți și apăsați aluatul până când formează un cerc de 14 inchi pe tavă sau un dreptunghi neregulat, de aproximativ 12 inci lungime și 7 inci lățime, pe foaia de copt. O crustă coptă. Puneți-o pe o coajă de pizza făinată, dacă utilizați o piatră pentru pizza - sau puneți crusta coaptă pe o tavă pentru pizza unsă.

d) Întindeți Gruyère mărunțit peste crustă, lăsând un chenar de 1/2 inch la margine. Acoperiți brânza cu fasole, apoi stoarceți pulpa de usturoi peste pizza. Dacă folosiți usturoi prăjit cumpărat, tăiați cățeii în sferturi, astfel încât să poată fi presărați peste plăcintă. Stropiți cu salvie, cimbru, sare și piper.

e) Aranjați carnea mărunțită de rață confit și rondele kielbasa peste plăcintă, apoi acoperiți cu Parmigiana rasă. Glisați plăcinta din coajă pe piatra încălzită sau puneți plăcinta pe tava ei pentru pizza fie în cuptor, fie pe porțiunea neîncălzită a grătarului.

f) Coaceți sau grătar cu capacul închis până când crusta este ușor rumenită și oarecum fermă la atingere, 16 până la 18 minute. Dacă apar bule de aer pe marginile aluatului proaspăt, înțepați-le cu o furculiță.

10. Pizza de chiftele

Ingredient

- Fie făină universală pentru coaja de pizza, fie ulei de măsline pentru tava pentru pizza
- 1 aluat de casa
- 8 uncii (1/2 lira) carne de vită macră
- 1/4 cană frunze de pătrunjel tocate
- 2 linguri pesmet uscat simplu
- 1/2 uncie Asiago, Grana Padano sau Pecorino, ras fin
- 2 lingurite de frunze de oregano tocate sau 1 lingurita de oregano uscat
- 1/2 linguriță de semințe de fenicul
- 1/4 linguriță sare
- 1/4 linguriță piper negru proaspăt măcinat 5 căței de usturoi, tocați
- 1 lingura ulei de masline
- 1 ceapă galbenă mică, tocată (aproximativ 1/2 cană)
- Cutie de 14 uncii roșii zdrobite

- 1 lingurita frunze de cimbru cu tulpina
- 1/4 lingurita nucsoara rasa sau macinata si 1/4 lingurita cuisoare macinate
- 1/4 linguriță fulgi de ardei roșu
- 6 uncii de mozzarella, măruntită
- 2 uncii de Parmigiana, ras în fâșii subțiri

Directii

a) Aluat proaspăt pe o piatră de pizza. Pudrați o coajă de pizza cu făină, așezați aluatul în centru și formați aluatul într-un cerc mare, gropindu-l cu vârful degetelor. Ridică-l și modelează-l ținând-o de margine și rotindu-l, în timp ce întinde-l ușor, până când are aproximativ 14 inci în diametru. Pune-l cu faina in jos pe coaja.

b) Aluat proaspăt pe o tavă de pizza. Tamponează puțin ulei de măsline pe un prosop de hârtie și unge tava. Așezați aluatul în mijloc și ștergeți aluatul cu vârful degetelor până când este un cerc aplatizat, apoi trageți și apăsați-l până când formează un cerc de 14 inchi pe tavă sau un dreptunghi neregulat de 12 × 7 inci pe tava de copt.

c) Puneți-o pe o coajă de pizza făinată dacă utilizați o piatră de pizza - sau puneți crusta coaptă pe o tavă pentru pizza unsă.

d) Amestecați carnea de vită, pătrunjelul, pesmetul, brânza rasă, oregano, semințele de fenicul, 1/2 linguriță de sare, 1/2 linguriță de piper și 1 cățel de usturoi tocat într-un castron mare, până se omogenizează bine. Formați 10 chiftele, folosind aproximativ 2 linguri din amestec pentru fiecare.

e) Încinge uleiul de măsline într-o cratiță mare la foc mediu. Adăugați ceapa și cei 4 căței de usturoi tocați rămași la fiert, amestecând des, până se înmoaie, aproximativ 3 minute.

f) Se amestecă roșiile zdrobite, cimbrul, nucșoara, cuișoarele, fulgii de ardei roșu, restul de 1/4 linguriță de sare și restul de 1/4 linguriță de piper. Adăugați chiftelele și aduceți la fiert.

g) Reduceți focul la mic și fierbeți, neacoperit, până când sosul s-a îngroșat și chiftelele sunt fierte, aproximativ 20 de minute. Se răcește la temperatura camerei timp de 20 de minute.

h) Întindeți mozzarella măruntită peste crusta pregătită, lăsând un chenar de 1/2 inch la margine. Scoateți chiftelele din sosul de roșii și puneți-le deoparte. Cu lingura si intindeti peste branza sosul de rosii, avand grija sa pastrati intacta chenarul.

i) Tăiați fiecare chifteluță în jumătate și puneți jumătățile tăiate în jos peste toată plăcinta. Se adaugă ardeiul gras tăiat cubulețe și apoi parmigiana ras. Aluneca pizza de pe coaja pe piatra fierbinte sau aseaza pizza pe tava sau foaia de copt fie in cuptor, fie peste portia neincalzita a gratarului.

j) Coaceți sau grătar cu capacul închis până când sosul clocotește și crusta a devenit maro aurie, 16 până la 18 minute. Glisați coaja înapoi sub crustă pentru a o îndepărta de pe piatra fierbinte sau transferați plăcinta pe tavă pe un grătar. Se răcește timp de 5 minute înainte de a tăia felii.

11. Pizza cu creveți mexicani

Ingredient

- Făină universală pentru a praf coaja pizza sau spray antiaderent pentru a unge tava pentru pizza
- 1 aluat de casa,
- 6 uncii de creveți medii (aproximativ 30 pe kilogram), decojiți și devenați
- 8 uncii (1/2 liră) roșii cherry, tocate
- 1 șalotă medie, tocată
- 11/2 linguri frunze de coriandru tocate
- 1 lingura ulei de masline extravirgin
- 1 lingurita otet de vin rosu
- 1/4 linguriță sare
- 6 uncii Cheddar, mărunțit
- 1 borcan mediu jalapeño murat, fără semințe și tocat
- 1 lingurita de seminte de chimion, zdrobite

Directii

a) Aluat proaspăt pe o piatră de pizza. Pudrați o coajă de pizza cu făină, așezați aluatul în centru și formați aluatul într-un cerc mare, aplatizat, gropindu-l cu vârful degetelor. Ridică-l și modelează-l ținând-o de margine și întorcându-l încet și întinzând aluatul până când are aproximativ 14 inci în diametru. Pune-l cu faina in jos pe coaja.

b) Aluat proaspăt pe o tavă de pizza. Se unge fie cu spray antiaderent, apoi se pune aluatul in centru. Strângeți aluatul cu vârful degetelor, apoi trageți și apăsați aluatul până când formează un cerc de aproximativ 14 inchi în diametru pe tavă sau un dreptunghi neregulat de 12 × 7 inci pe tava de copt. O crustă coptă. Puneți-o pe o coajă de pizza dacă utilizați o piatră pentru pizza - sau puneți crusta coaptă chiar pe o tavă pentru pizza.

c) Puneți o cratiță medie cu un cuptor cu aburi de legume. Adăugați un centimetru de apă (dar nu astfel încât apa să urce în cuptorul cu abur) în tigaie și aduceți apa la fiert la foc mare. Adăugați creveții, acoperiți, reduceți focul la mic și fierbeți la abur până când devin roz și fermi, aproximativ 3 minute. Scoateți și împrospătați sub apă rece pentru a opri gătitul. Tăiați în bucăți de mărimea unei mușcături. Se amestecă roșiile cherry, eșalota, coriandru, uleiul de măsline, oțetul și sarea într-un castron mic. Întindeți acest amestec peste crusta pregătită, lăsând un chenar de 1/2 inch la margine.

d) Acoperiți cu Cheddar mărunțit, apoi presărați creveții tocați, jalapeño tocat și semințele de chimen zdrobite. Glisați pizza de la coajă pe piatra fierbinte sau puneți plăcinta pe tava sau foaia de copt fie în cuptor, fie pe secțiunea grătarului care nu este direct peste sursa de căldură sau cărbuni. Coaceți sau grătar cu capacul închis până când crusta devine aurie și brânza se topește, 16 până la 18 minute. Dacă lucrați cu aluat proaspăt, de casă sau cumpărat din magazin, verificați-l ocazional pentru a putea înțepa eventualele bule de aer care pot apărea pe suprafața lui. Când pizza este gata, trageți coaja înapoi sub ea pentru a o scoate de pe piatră sau transferați plăcinta pe tava sau foaie de copt pe un grătar. Se răcește timp de 5 minute înainte de a tăia și a servi.

12. Pizza Nacho

Ingredient

- Făină de porumb galbenă pentru curățarea cojii de pizza sau spray antiaderent pentru ungerea tavii pentru pizza

- 1 aluat de casa

- 1 1/4 căni de fasole prăjită la conserva

- 6 uncii Monterey Jack, mărunțit

- 3 roșii prune medii, tocate

- 1/2 linguriță de chimen măcinat

- linguriță de frunze de oregano tocate sau 1/2 linguriță de oregano uscat

- 1/2 linguriță sare

- 1/2 linguriță piper negru proaspăt măcinat

- 1/3 cană salsa

- 1/2 cană smântână obișnuită sau cu conținut scăzut de grăsimi

- Felii de jalapeño murate în borcan, după gust

Directii

a) Aluat proaspăt pe o piatră de pizza. Pudrați o coajă de pizza cu făină de porumb, așezați aluatul în centru și formați aluatul într-un cerc mare, gropindu-l cu vârful degetelor. Ridică-l și modelează-l cu mâinile la margine, răsucind încet aluatul până când are aproximativ 14 inci în diametru. Puneți-o cu faina de porumb în jos pe coajă.

b) Aluat proaspăt pe o tavă de pizza. Ungeți tava sau foaia de copt cu spray antiaderent. Așezați aluatul în centru și ștergeți aluatul cu vârful degetelor până când devine un cerc mare, aplatizat, apoi trageți și apăsați-l până când formează un cerc de 14 inchi pe tavă sau un dreptunghi neregulat, de aproximativ 12 × 7 inci, pe tavă. foaie de copt.

c) O crustă coaptă. Puneți-o pe o coajă de pizza dacă utilizați o piatră pentru pizza - sau puneți crusta coaptă chiar pe o tavă pentru pizza. Folosește o spatulă de cauciuc pentru a întinde fasolea prăjită peste crustă, acoperind-o uniform, dar lăsând o margine de 1/2 inch la margine. Acoperiți fasolea cu Monterey Jack mărunțit.

d) Se amestecă roșiile tocate, chimenul, oregano, sarea și piperul într-un castron mare, apoi se întinde uniform peste brânză. Puneți salsa în lingură mică peste crustă. Trece pizza de pe coaja pe piatra incalzita sau pune placinta pe tava sau foaia ei de copt in cuptor sau pe gratarul la foc indirect. Coaceți sau grătar cu capacul închis până când brânza clocotește și fasolea este fierbinte,

e) Treceți coaja înapoi sub crustă și puneți deoparte sau transferați plăcinta pe tavă sau foaie de copt pe un grătar. Se răcește timp de 5 minute. Pentru o crusta mai crocanta, scoateti pizza de pe coaja, tava sau foaia de copt dupa un minut sau doua pentru a o lasa sa se raceasca direct pe gratar.

f) Acoperiți plăcinta cu smântână și cu câte felii de jalapeño doriți înainte de a feli și de a servi.

13. Pizza cu mazăre și morcovi

Ingredient

- Făină universală pentru coaja de pizza sau spray antiaderent pentru tava pentru pizza
- 1 aluat de casa
- 2 linguri de unt nesarat
- 11/2 linguri făină universală
- 1/2 cană de lapte integral, cu conținut scăzut de grăsimi sau fără grăsimi
- 1/2 cană smântână grea, pentru frișcă sau ușoară 3 uncii
- 2 lingurițe frunze de cimbru cu tulpină sau 1 linguriță de cimbru uscat
- 1/2 lingurita nucsoara rasa
- cană mazăre proaspătă decojită sau mazăre congelată, decongelată
- ceașcă de morcovi tăiați cubulețe (dacă folosiți congelați, apoi dezghețați)
- 3 catei de usturoi, tocati
- 1 uncie Parmigiana, ras fin

Directii

a) Aluat proaspăt pe o piatră de pizza. Pudrați o coajă de pizza cu făină, puneți aluatul în centrul ei și tăiați aluatul într-un cerc mare și turtit cu vârful degetelor. Ridică-l și modelează-l ținându-o de margine, rotindu-l încet și întinzând ușor aluatul până când cercul are aproximativ 14 inci în diametru. Pune aluatul cu faina in jos pe coaja.

b) Aluat proaspăt pe o tavă de pizza. Ungeți fie cu spray antiaderent, setați aluatul în centrul fiecăreia. Strângeți aluatul cu vârful degetelor până când devine un cerc aplatizat, zdrobit, apoi trageți și apăsați-l până când formează un cerc de 14 inchi pe tavă sau un dreptunghi neregulat de 12 × 7 inchi pe tava de copt. O crustă coptă. Puneți-o pe o coajă de pizza cu făină dacă utilizați o piatră de pizza - sau puneți crusta coaptă chiar pe o tavă pentru pizza. Topiți untul într-o tigaie mare, pusă la foc mediu. Bateți făina și continuați să amestecați până la omogenizare și un bej foarte deschis. Bateți laptele într-un flux lent și constant, apoi adăugați smântâna. Continuați să bateți la foc până se îngroașă, cam ca o înghețată topită destul de subțire. Se amestecă brânza mărunțită, cimbru și nucșoară până se omogenizează. Se răcește la temperatura camerei timp de 10 minute.

c) Între timp, alunecă crusta neascuțită de pe coajă pe piatra încălzită sau pune crusta pe tava ei fie la cuptor, fie peste porțiunea neîncălzită a grătarului. Coaceți sau grătar cu capacul închis până când crusta începe să se simtă fermă la margini și doar începe să se rumenească, aproximativ 10 minute. Dacă utilizați aluat proaspăt, va trebui să scoateți orice bule de aer care ar putea apărea pe suprafața lui sau la margini pe măsură ce se coace. Glisați coaja înapoi sub crusta parțial coaptă și scoateți-o din cuptor sau grătar - sau transferați crusta pe tavă sau foaie de copt pe un grătar.

d) Întindeți peste crustă sosul pe bază de lapte îngroșat, lăsând un margine de 1/2 inch la margine. Acoperiți sosul cu mazărea și morcovii, apoi presărați usturoiul uniform peste plăcintă. La final, presărați parmigiana ras peste toppinguri.

14. Pizza Philly Cheesesteak

Ingredient

- Făină universală pentru coaja de pizza sau spray antiaderent pentru tava pentru pizza
- 1 aluat de casa,
- 1 lingura unt nesarat
- 1 ceapă galbenă mică, tăiată în jumătate prin tulpină și feliată subțire
- 1 ardei gras verde mic, fara samburi si feliat foarte subtire
- 2 linguri sos Worcestershire
- Câteva liniuțe de sos de ardei roșu iute
- 6 linguri Sos Classic Pizza
- 8 uncii (1/2 liră) de mozzarella, mărunțită
- 6 uncii de carne de vită la friptură, hârtie rasă subțire și tăiată în fâșii
- 3 uncii provolone, mărunțit

Directii

a) Aluat proaspăt pe o piatră de pizza. Pudrați ușor o coajă de pizza cu făină. Adăugați aluatul și formați-l într-un cerc mare prind-o gropițe cu vârful degetelor. Ridică-l de margine și modelează-l rotind-o încet și întinde-l ușor până când are aproximativ 14 inci în diametru. Pune-l cu faina in jos pe coaja.

b) Aluat proaspăt pe o tavă de pizza. Ungeți tava sau foaia de copt cu spray antiaderent. Așezați aluatul în centru și ștergeți-l cu vârful degetelor până când devine un cerc zdrobit - apoi trageți și apăsați aluatul până când formează un cerc de aproximativ 14 inchi în diametru pe tavă sau un dreptunghi neregulat, de aproximativ 12 × 7 inci, pe tavă. foaie de copt.

c) O crustă coptă. Puneți-o pe o coajă de pizza cu făină dacă folosiți o piatră de pizza - sau puneți crusta coaptă pe o tavă pentru pizza. Topiți untul într-o tigaie mare, pusă la foc mediu. Adaugati ceapa si ardeiul gras, amestecand des, pana se inmoaie, aproximativ 5 minute. Se amestecă sosul Worcestershire și sosul de ardei roșu iute (după gust). Continuați să gătiți până când lichidul din tigaie s-a redus la o glazură, încă aproximativ 2 minute. Se răceste la temperatura camerei timp de 5 minute. Folosește o spatulă de cauciuc pentru a întinde sosul de pizza peste crusta pregătită, lăsând o margine de 1 ⁄ 2 inch la margine. Acoperiți cu mozzarella măruntită.

d) Așezați fâșiile de friptură de vită uniform peste plăcintă, apoi puneți cu lingură și întindeți amestecul de legume peste carne de vită. Acoperiți cu provolone măruntit.

e) Tresați pizza de pe coajă pe piatra fierbinte sau puneți pizza pe tava sau foaia de copt fie în cuptor, fie peste partea grătarului care nu este chiar deasupra sursei de căldură.

f) Coaceți sau grătar cu capacul închis până când crusta este aurie, se rumenește uniform pe partea inferioară, iar brânza s-a topit și chiar a început să devină maro foarte deschis, aproximativ 18 minute.

g) O dată sau de două ori, verificați aluatul proaspăt, fie el de casă sau cumpărat din magazin, pentru a înțepa eventualele bule de aer care pot apărea pe suprafața lui, în special la margine.

15. Pizza polineziană

Ingredient

- Făină universală pentru a praf coaja pizza sau spray antiaderent pentru a unge tava pentru pizza
- 1 aluat de casa
- 3 linguri de sos de soia dulce, gros
- 6 uncii de mozzarella, mărunțită
- 3 uncii de slănină canadiană, tăiată cubulețe
- 1 cană bucăți de ananas proaspăt
- 1/2 cană de ceai tăiat felii subțiri
- lingura de seminte de susan

Directii

a) Aluat proaspăt pe o piatră de pizza. Pudrați o coajă de pizza cu făină, puneți aluatul în centru și formați aluatul într-un cerc mare, aplatizat, îngrădindu-l cu vârful degetelor. Ridică-l de margine și întinde-l rotindu-l până când are aproximativ 14 inci în diametru. Puneți aluatul modelat cu faina în jos pe coajă.

b) Aluat proaspăt pe o tavă de pizza. Ungeți tava sau foaia de copt cu spray antiaderent. Așezați aluatul în centrul fiecăreia și ștergeți aluatul cu vârful degetelor - apoi trageți și apăsați-l până când formează un cerc de 14 inchi pe tavă sau un dreptunghi neregulat de 12 × 7 inci pe tava de copt.

c) O crustă coaptă. Puneți-o pe o coajă de pizza cu făină dacă folosiți o piatră de pizza - sau puneți crusta coaptă pe o tavă pentru pizza.

d) Întindeți uniform sosul de soia peste aluat, lăsând un chenar de 1/2 inch la margine. Presărați uniform mozzarella mărunțită peste sos.

e) Acoperiți pizza cu slănină canadiană, bucăți de ananas și ceai verde feliat - apoi presărați semințele de susan uniform peste plăcintă.

f) Treceți crusta de pe coajă pe piatra foarte fierbinte sau puneți plăcinta pe tava sau foaia ei de copt la cuptor sau pe grătar peste porția neîncălzită. Coaceți sau grătar cu capacul închis până când brânza se topește și crusta este maro aurie, 16 până la 18 minute.

g) Treceți coaja înapoi sub crustă pentru a o îndepărta de pe piatra fierbinte sau transferați plăcinta pe tava sau foaie de copt pe un grătar. Răciți pizza pe coajă sau pe grătar timp de 5 minute înainte de a o feli. Pentru a vă asigura că crusta rămâne crocantă, transferați pizza de pe coajă, tavă sau foaie de copt direct pe grătar după aproximativ un minut.

16.   Pizza cu plăcintă la oală

Ingredient

- Făină de porumb galbenă pentru coaja de pizza sau spray antiaderent pentru tava pentru pizza
- 1 aluat de casa
- 1 lingura unt nesarat
- 1 1/2 linguri făină universală
- 1 cană de lapte integral, cu conținut scăzut de grăsimi sau fără grăsimi, la temperatura camerei
- 1 lingură muștar de Dijon
- 1 1/2 lingurițe frunze de cimbru cu tulpină sau 1 linguriță de cimbru uscat
- 1 linguriță de frunze de salvie tocate sau 1/2 linguriță de salvie uscată
- 1 cană tocată, decojită, dezosată, fiartă carne de pui sau de curcan
- 2 cani de legume mixte congelate, decongelate
- 2 lingurite sos Worcestershire
- 1/2 linguriță sare

- 1/2 linguriță piper negru proaspăt măcinat
- Câteva liniuțe de sos de ardei roșu iute
- 6 uncii de Gouda, Emmental, Elvețian sau Cheddar, mărunțit

Directii

a) Aluat proaspăt pe o piatră de pizza. Începeți prin a pudra o coajă de pizza cu făină de porumb, apoi puneți aluatul în centru. Îngroziți aluatul cu vârful degetelor într-un cerc mare, aplatizat - apoi ridicați-l, țineți-l de margine și rotiți-l în fața dvs., în timp ce întindeți-l ușor până când are aproximativ 14 inci în diametru. Puneți aluatul modelat cu faina de porumb în jos pe coajă.

b) Aluat proaspăt pe o tavă de pizza. Ungeți unul sau altul cu spray antiaderent. Așezați aluatul în centrul fiecăreia și ștergeți aluatul cu vârful degetelor - apoi trageți și apăsați-l până când formează un cerc de aproximativ 14 inchi în diametru pe tavă sau un dreptunghi neregulat de 12 × 7 inci pe tava de copt.

c) O crustă coptă. Așezați-o pe o coajă de pizza cu făină de porumb, dacă utilizați o piatră pentru pizza - sau puneți crusta coaptă chiar pe o tavă de pizza.

d) Topiți untul într-o cratiță mare la foc mediu. Se amestecă făina până se omogenizează, apoi se bate în continuare la foc până când este blond deschis, aproximativ
e) secunde.

f) Bateți laptele într-un flux lent și constant. Continuați să bateți la foc până se îngroașă, cam ca înghețata topită. Se amestecă muștarul și ierburile.

g) Luați tigaia de pe foc și adăugați carnea și legumele, apoi adăugați sosul Worcestershire, sare, piper și sosul de ardei roșu iute (după gust).

h) Se amestecă brânza mărunțită până când totul este uniform și îmbrăcat în sos.

i) Întindeți uniform peste crustă, lăsând o margine de 1/2 inch la margine.

j) Alunecați crusta de pe coajă și pe piatră, sau puneți plăcinta pe tava sau foaia de copt în cuptor sau peste secțiunea neîncălzită a grătarului. Coaceți sau grătar cu capacul închis până când umplutura clocotește și crusta a devenit maro aurie și este oarecum fermă la atingere, aproximativ 18 minute. Verificați din când în când o plăcintă cu aluat proaspăt pentru a vă asigura că nu există bule de aer în crustă.

k) Treceți coaja înapoi sub crustă pentru a îndepărta plăcinta de pe piatră sau transferați plăcinta pe tava sau foaie de copt pe un grătar. Lăsați deoparte să se răcească timp de 5 minute înainte de a tăia felii. Dacă doriți, transferați plăcinta direct pe grătar după aproximativ un minut pentru a lăsa crusta să se răcească puțin, fără a se sprijini pe o altă suprafață fierbinte.

17. Pizza cu cartofi, ceapă și chutney

Ingredient

- Făină universală pentru a praf coaja pizza sau spray antiaderent pentru a unge tava pentru pizza
- 1 aluat de casa
- 12 uncii (3/4 lira) de cartofi albi fierbiți, cum ar fi cobblers irlandezi, decojiți
- 6 linguri chutney de mango, chutney de afine sau un alt pe bază de fructe
- chutney
- 6 uncii Monterey Jack, ras
- 3 linguri de mărar mărunțit sau 1 lingură de mărar uscat
- 1 ceapă dulce mare, cum ar fi o Vidalia

Directii

a) Aluat proaspăt pe o piatră de pizza. Pudrați ușor o coajă de pizza cu făină. Adăugați aluatul și formați-l într-un cerc mare prind-o gropițe cu vârful degetelor. Ridică-l, ține-i marginea și rotește-l încet, întinzând-l tot timpul, până când are aproximativ 14 inci în diametru. Pune aluatul cu faina in jos pe coaja.

b) Aluat proaspăt pe o tavă de pizza. Ungeți tava sau foaia de copt cu spray antiaderent. Așezați aluatul în centrul fiecărei gropițe aluatul cu vârful degetelor până când este un cerc gros, aplatizat; apoi trageți și apăsați aluatul până când formează un cerc de 14 inchi pe tavă sau un dreptunghi neregulat de 12 × 7 inci pe tavă. foaie de copt.

c) O crustă coptă. Puneți-o pe o coajă de pizza dacă utilizați o piatră pentru pizza - sau puneți crusta coaptă pe o tavă pentru pizza. În timp ce cuptorul sau grătarul se încălzește, aduceți la fierbere aproximativ 1 inch de apă într-o cratiță mare prevăzută cu un aparat de aburi pentru legume. Adăugați cartofii, acoperiți, reduceți focul la mediu și fierbeți la abur până când se înmoaie când sunt străpunși cu o furculiță, aproximativ 10 minute. Transferați într-o strecurătoare pusă în chiuvetă și răciți timp de 5 minute, apoi tăiați în rondele foarte subțiri.

d) Întindeți chutney-ul uniform peste crusta pregătită, lăsând aproximativ 1/2 inch la margine. Acoperiți uniform cu Monterey Jack ras. Aranjați feliile de cartofi uniform și decorativ peste plăcintă, apoi stropiți cu mărar. Tăiați ceapa în jumătate prin tulpină. Puneți-l cu partea tăiată în jos pe tabla de tăiat și folosiți un cuțit foarte ascuțit pentru a face felii subțiri ca hârtie. Separați aceste felii în fâșiile lor individuale și așezați-le peste plăcintă.

e) Glisați plăcinta de la coajă pe piatra foarte fierbinte, având grijă să păstrați blatul la loc sau așezați plăcinta pe tava sau foaia de copt fie în cuptor, fie pe secțiunea grătarului care nu este direct pe foc. sursă. Coaceți sau grătar cu capacul închis până când crusta este ușor rumenită la margine, și mai închis pe partea inferioară, 16 până la 18 minute. Dacă apar bule de aer la marginea sau în mijlocul aluatului proaspăt, trageți-le cu o furculiță pentru a obține o crustă uniformă.

f) Treceți coaja înapoi sub plăcinta fierbinte de pe piatră sau transferați plăcinta pe tava sau foaie de copt pe un grătar. Lăsați deoparte să se răcească timp de 5 minute înainte de a tăia și a servi.

18.   Pizza cu prosciutto și rucola

Ingredient

- Făină universală pentru coaja de pizza sau ulei de măsline pentru tava pentru pizza
- 1 aluat de casa
- 1/4 cană Sos Classic Pizza
- 3 uncii de mozzarella proaspătă, feliată subțire
- 1/2 cană frunze de rucola ambalate, tulpini groase îndepărtate 2 uncii de prosciutto,
- lingura de otet balsamic

Directii

a) Aluat proaspăt pe o piatră de pizza. Pudrați o coajă de pizza cu făină, puneți aluatul în centru și tăiați aluatul într-un cerc mare și turtit cu vârful degetelor. Ridică-l și modelează-l cu mâinile, ținând marginea, întorcând-o încet și întinzând-o până când are aproximativ 14 inci în diametru. Puneți aluatul modelat cu faina în jos pe coajă.

b) Aluat proaspăt pe o tavă de pizza. Ungeți ușor fie cu puțin ulei de măsline tamponat pe un prosop de hârtie. Așezați aluatul pe tavă sau foaie de copt, ștergeți aluatul cu vârful degetelor - apoi trageți și apăsați-l până când formează un cerc de 14 inchi pe tavă sau un dreptunghi de 12 × 7 inchi destul de neregulat pe foaia de copt.

c) Puneți-o pe o coajă de pizza cu făină dacă folosiți o piatră de pizza - sau puneți crusta coaptă pe o tavă pentru pizza. Întindeți uniform sosul de pizza peste crustă, lăsând un chenar de 1/2 inch la margine. Aranjați feliile de mozzarella uniform peste plăcintă, păstrând acel chenar curat.

d) Așezați frunzele de rucola peste plăcintă, apoi acoperiți cu fâșiile de prosciutto. Trece pizza de pe coajă pe piatra fierbinte sau așează plăcinta pe tava sau foaia ei de copt cu pizza fie în cuptor, fie pe secțiunea grătarului care nu este direct peste sursa de căldură.

e) Coaceți sau grătar cu capacul închis până când crusta este aurie și oarecum fermă și brânza s-a topit, 14 până la 16 minute. Dacă lucrați cu aluat proaspăt, verificați-l în primele 10 minute pentru a putea să apară orice bule care pot apărea, în special la margine. Treceți coaja înapoi sub plăcinta fierbinte pentru a o scoate de pe piatră sau transferați plăcinta pe tava sau foaie de copt pe un grătar. Stropiți plăcinta cu oțet balsamic, apoi lăsați-l deoparte să se răcească timp de 5 minute înainte de a tăia felii.

19.   pizza Ruben

Ingredient

- Fie făină universală pentru coajă, fie spray antiaderent pentru tava de pizza sau foaia de copt
- 1 aluat de casa
- 3 linguri muștar delicat
- 1 cana varza murata scursa
- 6 uncii elvețian, Emmental, Jarlsberg sau Jarlsberg Light, mărunțit
- 4 uncii carne de vită gătită deli, tăiată în felii groase și tocată

Directii

a) Aluat proaspăt pe o piatră de pizza. Pudrați o coajă de pizza cu făină și puneți aluatul în centru. Formați aluatul într-un cerc mare prind-o gropițe cu vârful degetelor.

b) Ridică-l și modelează-l cu mâinile, ținându-i marginea, răsucind încet aluatul și întinzându-i

ușor marginea până când are aproximativ 14 inci
în diametru. Pune-l cu faina in jos pe coaja.

c) Aluat proaspăt pe o tavă de pizza. Ungeți oricare dintre ele cu spray antiaderent. Așezați aluatul în centrul fiecăreia și ștergeți aluatul cu vârful degetelor până când devine un cerc gros, aplatizat; apoi trageți și apăsați aluatul până când formează un cerc de 14 inchi pe tava de pizza sau un dreptunghi neregulat de 12 × 7 inci. pe foaia de copt.

d) O crustă coptă. Puneți-o pe o coajă de pizza dacă utilizați o piatră pentru pizza - sau puneți crusta coaptă chiar pe o tavă pentru pizza.

e) Întindeți muștarul uniform peste crusta pregătită, lăsând un chenar de 1/2 inch la margine. Întindeți varza murată uniform peste muștar.

f) Acoperiți plăcinta cu brânză mărunțită, apoi corned beef tocat. Glisați cu grijă pizza de la coajă pe piatra încălzită sau puneți plăcinta pe tava sau foaia ei de copt în cuptor sau peste porțiunea de grătar nu direct peste foc sau cărbuni.

g) Coaceți sau grătar cu capacul închis până când crusta s-a întărit și a devenit auriu și până când brânza s-a topit și s-a rumenit puțin, 16 până la 18 minute. Dacă apar bule de aer pe aluatul proaspăt, în special pe marginea acestuia, trageți-le pentru a obține o crustă uniformă. Treceți coaja înapoi sub pizza, având grijă să nu dislocați toppingul, să scoateți plăcinta de pe piatra fierbinte sau să transferați plăcinta pe tava sau foaia de copt pe un grătar. Lăsați deoparte să se răcească timp de 5 minute înainte de a tăia și a servi.

20. Pizza cu rădăcini prăjite

Ingredient

- Făină universală pentru prăfuirea cojii pizza sau ulei de măsline pentru ungerea tavii pentru pizza
- 1 aluat de casa
- 1/2 cap mare de usturoi
- 1/2 cartofi dulci mici, curățați de coajă, tăiați în jumătate pe lungime și tăiați felii subțiri
- 1/2 bulb mic de fenicul, tăiat în jumătate, tăiat și feliat subțire
- 1/2 păstârnac mic, decojit, tăiat în jumătate pe lungime și feliat subțire
- 1 lingura ulei de masline
- 1/2 linguriță sare
- 4 uncii (1/4 liră) de mozzarella, mărunțită
- 1 uncie Parmigiana, ras fin
- 1 lingura otet balsamic siropos

Directii

a) Aluat proaspăt pe o piatră de pizza. Pudrați ușor o coajă de pizza cu făină. Adăugați aluatul și formați-l într-un cerc mare prind-o gropițe cu vârful degetelor. Ridică-l, ține-l de margine cu ambele mâini și rotește-l încet, întinzând marginea puțin de fiecare dată, până când cercul are aproximativ 14 inci în diametru. Puneți partea făinată în jos pe coajă.

b) Aluat proaspăt pe o tavă de pizza. Ungeți tava sau foaia de copt cu puțin ulei de măsline tamponat pe un prosop de hârtie. Așezați aluatul în centrul fiecărei gropițe al aluatului cu vârful degetelor - apoi trageți și apăsați-l până când formează un cerc de 14 inchi pe tavă sau un dreptunghi neregulat, de aproximativ 12 × 7 inci, pe tava de copt.

c) O crustă coptă. Puneți-o pe o coajă de pizza cu făină dacă utilizați o piatră de pizza - sau puneți crusta coaptă chiar pe o tavă pentru pizza.

d) Înfășurați cățeii de usturoi necurățați într-un pachet mic de folie de aluminiu și coaceți sau grătar direct la foc timp de 40 de minute.

e) Între timp, aruncați cartofii dulci, feniculul și păstârnacul într-un castron mare cu uleiul de măsline și sare. Turnați conținutul bolului pe o tavă mare de copt. Puneți la cuptor sau peste secțiunea neîncălzită a grătarului și prăjiți, întorcându-le ocazional, până când se înmoaie și dulce, 15 până la 20 de minute.

f) Transferați usturoiul pe o masă de tăiat, deschideți pachetul, având grijă să aveți grijă de abur. De asemenea, puneți tava de copt cu legumele deoparte pe un grătar.

g) Creșteți temperatura cuptorului sau a grătarului cu gaz la 450°F sau adăugați câțiva cărbuni în grătarul cu cărbune pentru a crește puțin căldura.

h) Întindeți mozzarella mărunțită peste crusta pregătită, lăsând un chenar de 1/2 inch la margine. Acoperiți brânza cu toate legumele, stoarceți usturoiul moale și moale din coji de hârtie și pe plăcintă. Acoperiți cu parmigiana rasă.

i) Glisați pizza de la coajă pe piatra fierbinte sau puneți pizza pe tava sau foaie de copt fie în cuptor, fie peste secțiunea neîncălzită a grătarului. Coaceți sau grătar cu capacul închis până când crusta a devenit maro aurie și chiar s-a întunecat puțin pe fundul ei, până când brânza s-a topit și a început să se rumenească, 16 to minute. Aluatul proaspăt poate dezvolta niște bule de aer în primele 10 minute; în special la marginea ei, apăsați-le cu o furculiță pentru a asigura o crustă uniformă.

j) Glisați coaja înapoi sub crustă pentru a o scoate de pe piatra fierbinte sau transferați pizza pe tava sau foaie de copt pe un grătar. Se lasa deoparte 5 minute. Pentru a menține crusta crocantă, s-ar putea să doriți să transferați plăcinta de pe coajă, tavă sau foaia de făină direct pe grătar pentru a se răci după aproximativ un minut. După ce s-a răcit puțin, stropiți plăcinta cu oțet balsamic, apoi tăiați felii pentru a servi.

21. PIZZA CU CÂRNAȚI ȘI MERE

Ingredient

- Făină de porumb galbenă pentru a praf coaja pizza sau spray antiaderent pentru a unge tava pentru pizza

- 1 aluat de casa,

- 1 lingura ulei de masline

- uncii (1/2 liră) cârnați de pui sau de curcan

- 1 lingură muștar măcinat grosier

- 6 uncii Fontina, mărunțită

- 1 mar mic verde, de preferat un mar tarta

- 2 linguri frunze de rozmarin tocate

- 1 1/2 uncii Parmigiana, Pecorino sau Grana Padano, ras fin

Directii

a) Aluat proaspăt pe o piatră de pizza. Pudrați ușor coaja de pizza cu mălai. Adăugați aluatul și formați-l într-un cerc mare prind-o gropițe cu vârful degetelor. Ridică-l și modelează-l ținându-i marginea cu ambele mâini, rotindu-l încet și întinde-l ușor tot timpul, până când cercul are aproximativ 14 inci în diametru. Puneți aluatul cu faina de porumb în jos pe coajă.

b) Aluat proaspăt pe o tavă de pizza. Ungeți unul sau altul cu spray antiaderent. Așezați aluatul în centrul fiecărei gropițe aluatul cu vârful degetelor până devine un cerc gros și plat. Apoi trageți și apăsați-l până când formează un cerc de 14 inchi pe tavă sau un dreptunghi neregulat de 12 × 7 inci pe foaia de copt.

c) O crustă coptă. Așezați-o pe o coajă de pizza cu făină de porumb, dacă utilizați o piatră pentru pizza - sau puneți crusta coaptă pe o tavă de pizza. Încinge o tigaie mare la foc mediu. Se amestecă uleiul de măsline, apoi se adaugă cârnații. Gătiți, întorcând din când în când, până se rumenesc bine pe toate părțile și sunt fierte. Transferați pe o masă de tăiat și tăiați rondele subțiri. Întindeți muștarul uniform peste crusta pregătită, lăsând un chenar de 1/2 inch la margine. Acoperiți cu Fontina mărunțită, apoi puneți cârnații feliați uniform peste plăcintă. Puneți feliile de mere printre rondelele de cârnați, apoi stropiți cu una dintre ierburile tocate și brânza rasă.

d) Trece pizza de la coaja pe piatra foarte fierbinte daca ai folosit o tava de pizza sau o tava de copt, pune-o cu placinta in cuptor sau peste sectiunea neincalzita a gratarului. Coaceți sau grătar cu capacul închis până când brânza s-a topit și clocotește, iar crusta a început să devină maro auriu la margini, chiar și mai închis pe partea inferioară, 16 până la 18 minute. Dacă lucrați cu aluat proaspăt, trageți orice bule de aer care apar pe marginea acestuia în primele 10 minute de coacere sau grătar.

e) Glisați coaja înapoi sub plăcintă pentru a o scoate de pe piatră sau transferați plăcinta pe tava sau foaie de copt pe un grătar.

22.   Pizza Shiitake

Ingredient

- Făină universală pentru coaja de pizza sau spray antiaderent pentru tava pentru pizza

- 1 aluat de casa,

- 8 uncii (1 /2 liră) tofu moale de mătase

- 6 uncii de ciuperci shiitake, tulpinile îndepărtate și aruncate, capacele tăiate subțiri

- 3 ceai medii, feliați subțiri

- 2 lingurițe de pastă asiatică de chile roșu

- 2 lingurițe de ghimbir proaspăt decojit tocat

- 1 linguriță sos de soia obișnuit sau cu conținut redus de sodiu

- 1 lingurita ulei de susan prajit

Directii

a) Aluat proaspăt pe o piatră de pizza. Pudrați ușor o coajă de pizza cu făină. Puneți aluatul în centrul său și formați aluatul într-un cerc gros și plat prind-o gropițe cu vârful degetelor. Ridică-l, ține-l de margine cu ambele mâini și roteşte-l, întinde-l încet la margine, până când cercul are aproximativ 14 inci în diametru. Pune-l cu faina in jos pe coaja.

b) Aluat proaspăt pe o tavă de pizza. Ungeți tava sau foaia de copt cu spray antiaderent. Așezați aluatul cu vârfurile degetelor pe aluatul, apoi trageți și apăsați-l până când formează un cerc de 14 inchi pe tavă sau un dreptunghi neregulat de 12 × 7 inci pe tava de copt.

c) O crustă coaptă. Puneți-o pe o coajă de pizza dacă utilizați o piatră pentru pizza - sau puneți crusta coaptă chiar pe o tavă pentru pizza.

d) Procesați tofu într-un robot de bucătărie prevăzut cu lama de tocat până devine omogen și cremos. Întindeți peste crusta pregătită, asigurându-vă că lăsați un chenar de 1/2 inch la marginea ei.

e) Acoperiți tofu cu capacele de ciuperci feliate și ceai. Presărați uniform peste topping-uri pasta de chile, ghimbir, sosul de soia și uleiul de susan. Glisați plăcinta de la coajă pe piatra fierbinte sau puneți plăcinta pe tava sau foaie de copt fie în cuptor, fie peste secțiunea neîncălzită a grătarului.

f) Coaceți sau grătar cu capacul închis până când crusta este maro aurie și oarecum fermă la atingere, 16 până la 18 minute. Verificați de câteva ori aluatul proaspăt pentru a vă asigura că nu există bule de aer, în special la marginea acestuia, dacă da, trageți-le cu o furculiță pentru a asigura o crustă uniformă. Odată gata, trageți coaja înapoi sub plăcintă pentru a o scoate de pe piatra fierbinte sau transferați plăcinta pe tava sau foaie de copt pe un grătar. Lăsați deoparte să se răcească timp de 5 minute înainte de a tăia și a servi.

23. Pizza cu spanac şi ricotta

Ingredient

- Fie făină universală pentru pudrat coaja pizza
- 1 aluat de casa
- 2 linguri ulei de canola
- 3 catei de usturoi, tocati
- 6 uncii frunze de spanac
- 1/4 lingurita nucsoara rasa sau macinata
- 1/4 linguriță fulgi de ardei roșu
- 1/2 cană vin alb sec sau vermut sec
- 1/4 cană ricotta obișnuită, cu conținut scăzut de grăsimi sau fără grăsimi
- 11 /2 uncii Parmigiana, ras fin
- 1/2 linguriță sare
- 1/2 linguriță piper negru proaspăt măcinat

Directii

a) Aluat proaspăt pe o piatră de pizza. Pudrați ușor o coajă de pizza cu făină. Adăugați aluatul și formați-l într-un cerc mare prind-o gropițe cu vârful degetelor. Ridică-l și modelează-l cu mâinile, ținându-i marginea, răsucind încet aluatul și întinzându-i marginea până când are aproximativ 14 inci în diametru. Pune aluatul cu faina in jos pe coaja.

b) Aluat proaspăt pe o tavă de pizza. Ungeți tava sau foaia de copt cu spray antiaderent. Așezați aluatul fie pe gropiță de aluat cu vârful degetelor până când este un cerc gros și plat - apoi trageți și apăsați-l până când formează un cerc de 14 inchi pe tavă sau un dreptunghi neregulat de 12 × 7 inci pe tava de copt.

c) O crustă coptă. Puneți-o pe o coajă de pizza dacă utilizați o piatră pentru pizza - sau puneți crusta coaptă chiar pe o tavă pentru pizza. Încinge o tigaie mare la foc mediu. Se amestecă uleiul, apoi se adaugă usturoiul și se fierbe timp de 30 de secunde. Se amestecă spanacul, nucșoara și fulgii de ardei roșu până când frunzele încep să se ofilească, apoi se toarnă vinul. Gatiti, amestecand constant, pana cand spanacul s-a ofilit bine si tigaia este aproape uscata. Scoateți tigaia de pe foc și adăugați ricotta, parmigiana rasă, sare și piper până se omogenizează.

d) Întindeți amestecul de spanac peste crusta pregătită, lăsând un chenar de 1/2 inch la margine. Glisați pizza de la coajă pe piatra fierbinte sau puneți pizza pe tava sau foaie de copt fie în cuptor, fie peste secțiunea neîncălzită a grătarului.

e) Coaceți sau grătar cu capacul închis până când umplutura se întărește și se rumenește ușor, până când crusta este oarecum fermă, 16 până la 18 minute. Glisați coaja înapoi sub pizza pentru a o scoate de pe piatra fierbinte sau transferați plăcinta pe tava sau foaie de copt pe un grătar. Lăsați deoparte să se răcească timp de 5 minute înainte de a tăia și a servi. Pentru a asigura o crustă crocantă, transferați plăcinta de pe coajă, tavă sau foaie de copt direct pe grătar după câteva minute.

24. Pizza cu salata de rucola

Ingredient

- Unul de 16 oz. ambalați aluat refrigerat pentru pizza din cereale integrale sau aluat pentru pizza din cereale integrale
- Făină de porumb
- 1/3 cană sos marinara
- $1\frac{1}{2}$ linguriță de oregano uscat
- 1 cană brânză mărunțită pe bază de plante
- 2 cesti amestecate de rucola proaspata si baby spanac
- $1\frac{1}{2}$ cani de rosii cherry proaspete (galbene), taiate la jumatate
- $\frac{1}{2}$ ardei gras roșu mediu, tăiat cubulețe
- 1 avocado mediu copt, feliat $\frac{1}{4}$ cană fistic prăjit
- 1 lingura otet balsamic

Directii

a) Preîncălziți cuptorul la 350°F. Întindeți aluatul de pizza pentru a se potrivi într-o tavă de pizza de 14 inchi sau o piatră pentru pizza. Stropiți tava sau piatra cu făină de porumb și puneți deasupra aluatul. Întindeți sosul marinara pe aluat și presărați peste el oregano și brânză vegetală. Puneți tava sau piatra în cuptor și coaceți timp de 30 până la 35 de minute, până când crusta devine aurie și fermă la atingere.

b) În ultimul moment înainte de servire, scoateți crusta din cuptor și acoperiți cu rucola și baby spanac, roșii, ardei gras, avocado și fistic. Verdele se va ofili repede. Stropiți cu oțet și ulei de măsline. Serviți imediat.

25. Pizza Avocado 'N Everything

Ingredient

- 2 căni de amestec pentru copt
- 1/2 cană apă fierbinte
- 1 cutie (8 uncii) sos de roșii
- 1/4 cana ceapa verde tocata
- 1/2 cană brânză mozzarella mărunțită
- 1/2 cană ciuperci feliate
- 1/3 cană măsline coapte feliate
- 1 roșie mică, feliată
- 2 linguri ulei de masline
- 1 avocado, fără semințe, curățat și tăiat felii
  Frunze de busuioc proaspăt, opțional

Directii

a) Încinge cuptorul la 425F. Amestecați amestecul de zară și apă cu o furculiță într-un castron mic. Pat sau rulați în cerc de 12 inchi pe o foaie de copt sau o tavă pentru pizza neunsă.

b) Amestecați sosul de roșii și ceapa verde întinsă peste aluatul de pizza. Acoperiți cu brânză, ciuperci, măsline și felii de roșii. Stropiți ulei de măsline deasupra.

c) Coaceți 15 până la 20 de minute sau până când marginea crustei este maro aurie. Scoateți pizza din cuptor și aranjați deasupra felii de avocado. Se ornează cu frunze de busuioc și se servește.

26.   Pizza cu pui la gratar

Ingredient

- 3 jumătăți de piept de pui dezosate, fierte și tăiate cuburi
- 1 cană sos gratar cu aromă de hickory
- 1 lingura miere
- 1 lingurita melasa
- 1/3 cană zahăr brun
- 1/2 legătură de coriandru proaspăt, tocat
- 1 (12 inchi) crustă de pizza precoaptă
- 1 cană brânză Gouda afumată, mărunțită
- 1 cană ceapă roșie feliată subțire

Directii

a) Preîncălziți cuptorul la 425F. Într-o cratiță la foc mediu-înalt, combinați puiul, sosul grătar, mierea, melasa, zahărul brun și coriandru. Se aduce la fierbere.
b) Întindeți amestecul de pui uniform peste crusta de pizza și acoperiți cu brânză și ceapă.
c) Coaceți timp de 15 până la 20 de minute sau până când brânza se topește.

27. Pizza cu capsuni la gratar

Ingredient

- 1 aluat de pizza (prefacut de la bacan este un mare economie de timp)
- 250 de grame (1 cană) brânză boursin (ierburi fine și usturoi)
- 2 linguri glazura balsamic
- 2 cani de capsuni feliate
- 1/3 cană busuioc tocat
- piper dupa gust
- 1 lingurita ulei de masline pentru a picura
- parmezan ras pentru ornat

Directii

a) Gătiți crusta de pizza la grătar (foc mare) sau la cuptor.
b) Se ia de pe foc si se unge cu crema de branza cu ierburi.
c) Se presara cu busuioc si capsuni. Stropiți cu ulei de măsline și glazură balsamică și decorați cu piper (după gust) și parmezan ras

28. Broccoli Deep Dish Pizza

Ingredient

- 1ambalați drojdie uscată
- 1 1/3 c apă caldă
- 1 t zahăr
- 3 1/2 c făină nealbită
- 1 c făină de prăjitură
- 1 1/2 l sare
- 1 c plus 2 l ulei de măsline
- 3 t usturoi tocat
- (1) cutie de sos de roșii de 15 oz
- (1) cutie de pastă de tomate de 12 oz
- 2 l oregano
- 2 l busuioc
- 2 c ciuperci feliate Sare si piper
- 1 lb. cârnați italian (fierbinți sau dulce)
- 1/2 l semințe de fenicul zdrobite
- 2 l unt

- 8 c broccoli albit, tocat grosier
- 1 T scurtare
- 3 1/2 c brânză mozzarella rasă
- 1/2 c parmezan ras

Directii

a) Se dizolvă drojdia în apă caldă, se amestecă cu zahărul. Se amestecă făină și sarea și se adaugă treptat drojdia dizolvată și 1/4 cană de ulei. Frământați până când textura este netedă. Puneți într-un castron mare, acoperiți cu folie de plastic și lăsați să crească până când se triplează în vrac (2-3 ore).

b) Între timp, pregătiți umpluturile. Se încălzește 1/4 cană de ulei într-o tigaie, se adaugă 2 luri de usturoi și se fierbe timp de 30 de secunde (fără să se rumenească.) Se amestecă sosul de roșii și se pasează, se fierbe până se îngroașă. Se amestecă busuioc și oregano, se lasă deoparte să se răcească.

c) Capați 2 L de ulei și căliți ciupercile până se rumenesc ușor și lichidul se evaporă. Asezonați după gust și lăsați deoparte să se răcească.
d) Scoateți și aruncați cojile de la cârnați, sfărâmați și adăugați cârnații în tigaie împreună cu fenicul. Gătiți bine, îndepărtați și răciți. Se încălzește untul și 2 l de ulei la 1 l de usturoi și se amestecă timp de 30 de secunde. Se amestecă broccoli până când este acoperit bine și orice lichid se evaporă. Asezonați după gust lăsați deoparte.

e) Când aluatul a crescut, dați pumnul în jos. Tăiați aproximativ 2/5 din ea și puneți deoparte. Ungeți o tavă pentru pizza de 14 x 1 1/2" cu scurtătură. Pe o placă înfăinată, întindeți 3/5 din aluat într-un cerc de 20". Se potrivește în tavă, lăsând excesul de aluat să atârne peste lateral. Ungeți aluatul cu 1 L de ulei stropiți cu sare. Presarati 1 c de mozzarella peste aluat.
f) Întindeți sosul de roșii peste brânză, întindeți ciupercile peste roșii și acoperiți cu 1 c de mozzarella.
g) Întindeți aluatul rămas într-un cerc de aproximativ 14 inchi. Ungeți părțile

laterale ale aluatului din interiorul tavii cu apă. Introduceți rotunda de 14 inchi în tavă.

h) Apăsați marginile (trageți dacă este necesar) de aluatul umezit pentru a-l sigila. Tăiați aluatul peste 1/2" și udați-l din nou.

i) Îndoiți spre interior și sertiți pentru a forma o margine ridicată în jurul marginii tigaii. Tăiați un orificiu de abur în stratul superior al aluatului și ungeți cu 1 L de ulei. Întindeți cârnații peste aluat și acoperiți cu broccoli.

j) Combinați brânzeturile rămase și stropiți cu 1/4 c de ulei peste broccoli.

k) Coaceți în cuptorul preîncălzit la 425 de grade timp de 30-40 de minute.
Îngheață bine.

29. Plăcinte cu pizza cu pui de bivoliță

Ingredient

- Un pachet de 12 uncii brioșe englezești din grâu integral (6 brioșe)

- 1 ardei gras portocaliu mediu, tăiat cubulețe de ¼ inch (aproximativ 1 ¼ cană)

- 1 lingura ulei de canola

- 12 uncii de piept de pui dezosat, fără piele, tăiat cubulețe de ½ inch

- O jumătate de cană de sos de paste

- 1 lingură sos de bivoliță

- 1 lingură dressing de brânză albastră

- 1 până la 1 ½ cani de brânză mozzarella mărunțită, parțial degresată

Directii

a) Preîncălziți cuptorul la 400°F. Tăiați brioșele englezești în jumătate și puneți-le pe o tavă de copt. Prăjiți la cuptor pentru aproximativ 5 minute. Scoateți și lăsați deoparte. Încinge uleiul într-o tigaie mare antiaderentă la foc mediu-mare. Adăugați ardeiul gras și gătiți, amestecând des, până se înmoaie, aproximativ 5 minute.

b) Adăugați puiul și gătiți până când nu mai este roz, 3 până la 5 minute. Se amestecă sosul de paste, sosul de bivoliță și sosul de brânză albastră și se amestecă bine.

c) Pentru a asambla pizza, acoperiți fiecare jumătate de brioșă uniform cu amestecul de pui. Presărați brânza uniform peste fiecare. Coaceți până se topește brânza, aproximativ 5 minute.

30. Pizza din California

Ingredient

- 1 cană ulei de măsline
- 2 cesti frunze proaspete de busuioc
- 2 catei de usturoi, tocati
- 3 linguri nuci de pin
- 1/2 cană parmezan proaspăt ras
- 1 ceapă, feliată subțire
- 1 ardei roșu dulce, fără semințe și tăiat fâșii
- 1 ardei verde, fără semințe și tăiat fâșii
- 2 linguri ulei de masline
- 1 lingura apa
- 1/2 kilograme de cârnați de usturoi și fenicul sau cârnați dulci italian 3 uncii de brânză de capră
- 10 uncii de brânză Mozzarella, rasă grosier
- 2 linguri de parmezan proaspat ras

- 2 linguri faina de porumb

Directii:

a) Pregătiți aluatul Se dizolvă drojdia în apă și se pune deoparte. Se amestecă făina, sarea și zahărul într-un castron. Faceți o „bună" în centru, turnați soluția de drojdie și uleiul de măsline. Amestecați făina folosind o furculiță.

b) Pe măsură ce aluatul devine tare, încorporează cu mâna făina rămasă. Se adună într-o bilă și se frământă opt până la zece minute pe o masă înfăinată. Se pune într-un vas acoperit cu ulei, se acoperă cu o cârpă umedă și se lasă să crească într-un loc cald, fără curenți de aer, până când își dublează volumul, aproximativ două ore.

c) Pregătiți sosul pesto folosind un blender sau un robot de bucătărie. Combinați toate, cu excepția brânzei. Procesați, dar nu creați un piure. Se amestecă brânza. Pune partea. Căleți ceapa și ardeiul într-o lingură de ulei de măsline și apă într-o tigaie mare la foc mediu. Se amestecă frecvent până când ardeii sunt moi. Scurgeți și puneți deoparte. Cârnați rumeniți, rupându-se în bucăți în timp ce se gătesc. Scurgeți excesul de grăsime. Se toaca grosier si se da deoparte.

d) Preîncălziți cuptorul la 400 de grade. Răspândiți uleiul de măsline rămas uniform peste o tavă pentru pizza de 12 inchi. Se presara cu faina de porumb. Se taie aluatul de pizza, se aplatizeaza usor cu un sucitor, se intoarce si se aplatizeaza cu degetele. Se pune aluatul în tavă și se întinde pe margini cu vârful degetelor. Coaceți cinci minute. Întindeți sosul pesto peste aluat. Se sfărâmă uniform brânza de capră peste pesto. Adăugați ceapa și ardeiul, cârnații și brânzeturile. Coaceți 10 minute sau până când crusta devine ușor maronie și brânza clocotește.

31. Pizza cu ceapa caramelizata

Ingredient

- 1/4 cană ulei de măsline pentru prăjit ceapa
- 6 căni de ceapă feliată subțire (aproximativ 3 lire sterline)
- 6 catei de usturoi
- 3 linguri. cimbru proaspăt sau 1 lingură. cimbru uscat
- 1 frunză de dafin
- sare si piper
- 2 linguri. ulei pentru picurare deasupra pizza (optional)
- 1 lingura. capere scurse
- 1-1/2 lingura. nuci de pin

Directii:

a) Se încălzește 1/4 cană de ulei de măsline și se adaugă ceapa, usturoiul, cimbru și frunza de dafin. Gatiti, amestecand ocazional, pana cand cea mai mare parte a umezelii s-a evaporat si amestecul de ceapa este foarte moale, aproape neted si caramelizat, aproximativ 45 de minute. Aruncați frunza de dafin și asezonați cu sare și piper.

b) Acoperiți aluatul cu amestecul de ceapă, stropiți cu capere și nuci de pin și stropiți cu ulei de măsline rămas dacă îl folosiți.

c) Coaceți în cuptorul preîncălzit la 500 de grade timp de 10 minute sau până când devine auriu. Timpul de coacere va varia în funcție de dacă coaceți pe o piatră, un ecran sau într-o tavă.

d) Asigurați-vă că cuptorul este bine preîncălzit înainte de a pune pizza.

32. Brânză Calzone

Ingredient

- 1lb. brânză ricotta
- 1 cană de mozzarella mărunțită
- praf de piper negru
- Aluat pentru pizza în stil NY
- Preîncălziți cuptorul la 500F.

Directii:

a) Luați un 6 oz. bila de aluat si asezam pe suprafata tapata cu faina. Întindeți, cu vârful degetelor, într-un cerc de 6 inci. Puneți 2/3 cană de brânză

b) se amestecă pe o parte și se pliază peste cealaltă parte. Sigilați cu vârful degetelor, asigurându-vă că nu există amestec de brânză în sigiliu. Ciupiți marginea pentru a asigura o etanșare etanșă. Pat calzone pentru a umple uniform în interior. Verificați din nou etanșarea pentru scurgeri. Repetați cu ceilalți.

c) Pune calzonele pe o tavă de copt unsă ușor. Tăiați o fantă de 1 inch în partea de sus a fiecăruia pentru aerisire în timpul coacerii. Puneți în centrul cuptorului și coaceți timp de 10-12 minute sau până când se rumenesc. Serviți cu sosul de roșii preferat, încălzit, fie deasupra, fie în lateral pentru înmuiere.

33.   Pizza cu migdale și cireșe

Ingredient

- Aluat
- 2 albusuri
- 125 g (4 oz - 3/4 cană) migdale măcinate
- 90 g (3 oz - 1/2 cană) zahăr tos câteva picături esență de migdale
- Borcan de 750 g (1 1/2 lb.) cireșe Morello în suc
- 60 g (2 oz - 1/2 cană) fulgi de migdale
- 3 linguri gem de cirese Morel0o zahar pudra pentru pudrat
- frisca, pentru a decora

Directii

a) Preîncălziți cuptorul la 220C (425F. Gaz 7)
b) Intr-un castron, batem usor albusurile. Se amestecă migdalele măcinate, zahărul tos și esența de migdale. Întindeți amestecul uniform peste baza de pizza.

c) Scurgeți cireșele, rezervând sucul. Peste pizza, rezervând câteva pentru decor. Se presară cu fulgi de migdale și se coace la cuptor timp de 20 de minute până când aluatul devine crocant și auriu.
d) Între timp, într-o cratiță, se încălzește sucul rezervat și dulceața până devine siropoasă. Pudrați pizza gătită cu zahăr pudră și decorați cu frișcă și cireșe rezervate.

34. Pizza în stil Chicago

Ingredient

- 1 cană sos pizza
- 12 oz. Brânză mozzarella mărunțită
- 1/2 lb. Carne de vită măcinată, mărunțită, gătită
- 1/4 lb. Cârnați italieni, mărunțiți, gătiți
- 1/4 lb. Cârnați de porc, mărunțiți, gătiți
- 1/2 cană pepperoni, tăiat cubulețe
- 1/2 cana bacon canadian, taiat cubulete
- 1/2 cană șuncă, tăiată cubulețe
- 1/4 lb. Ciuperci, feliate
- 1 ceapa mica, taiata felii
- 1 ardei gras verde, fără semințe, feliat
- 2 oz. Parmezan ras

Directii

a) Pentru aluat, presară drojdie și zahăr în apă caldă într-un castron mic, lăsați să stea până devine spumos, aproximativ 5 minute.

b) Amestecați făina, mălaiul, uleiul și sarea într-un castron mare, faceți o groapă în centru și adăugați amestecul de drojdie. Amestecați pentru a forma un aluat moale, adăugând mai multă făină dacă este necesar. Se răstoarnă pe o masă înfăinată și se frământă până când aluatul este suplu și elastic, 7 până la 10 minute. Transferați într-un castron mare, acoperiți și lăsați să crească într-un loc cald până când aluatul se dublează, aproximativ 1 oră. Loviți.

c) Rotiți aluatul într-un cerc de 13 inci. Transferați într-o tavă pentru pizza de 12 inchi unsă cu ulei, îndoind excesul pentru a face o margine mică. Ungeți cu sos de pizza, stropiți cu toată brânză mozzarella, cu excepția unui pumn. Se presară cu carne și legume. Acoperiți cu restul de mozzarella și parmezan. Se lasa sa creasca intr-un loc cald aproximativ 25 de minute.

d) Încinge cuptorul la 475 de grade. Coaceți pizza până când crusta devine aurie, aproximativ 25 de minute. Lasă să stea 5 minute înainte de a tăia felii.

35.   Pizza Deep-Dish

Ingredient

- Spray de gătit antiaderent, pentru pulverizarea inserției slow cooker

- 8 uncii de aluat de pizza preparat (dacă este refrigerat, lăsați-l să crească într-un castron uns cu ulei pentru

- 2 ore)

- 8 uncii de brânză mozzarella feliată (nu rasă).

- 8 uncii pepperoni felii subțiri, de preferință dimensiunea sandvișului

- 1/2 cană sos de pizza cumpărat din magazin

- 1 lingura parmezan ras

- 6 frunze de busuioc proaspăt, tăiate în chiffonade

- Ciupiți ardei roșu zdrobit

Directii

a) Preîncălziți aragazul lent la foc maxim timp de 20 de minute. Pulverizați inserția cu spray de gătit antiaderent.
b) Pe o suprafață curată, întindeți, rulați și formați aluatul în aproximativ aceeași formă ca și insertul de aragaz lent. Scopul este o crustă frumoasă și subțire. Puneți în aragaz și întindeți dacă este necesar. Gatiti la foc mare, NESCOPERIT, timp de 1 ora fara toppinguri.
c) Puneți feliile de mozzarella peste aluat și pe părțile laterale la aproximativ 1 inch deasupra crustei. Suprapuneți fiecare felie, deplasându-vă într-un cerc în sensul acelor de ceasornic până când perimetrul este acoperit. Mai puneți 1 felie pentru a acoperi locul gol din mijloc, dacă este necesar. Puneți un strat de pepperoni în același mod în care ați făcut brânza.
d) Urmați cu un strat mic de sos de pizza.
e) Se presara cu parmezan.
f) Gatiti la mare pana cand crusta de branza este inchisa si caramelizata, iar

fundul este ferm si maro, inca o ora. Scoateți cu grijă din aragazul lent cu o spatulă.

g) Se ornează cu busuioc și ardei roșu măcinat.

36. Pizza la cuptor olandez

Ingredient

- 2 pachete. rulouri semilunare
- 1 borcan sos pizza
- 1 1/2 lb. carne de vită măcinată
- 8 oz brânză cheddar mărunțită
- 8 oz de brânză mozzarella mărunțită
- 4 oz pepperoni
- 2 lingurite de oregano
- 1 lingurita praf de usturoi
- 1 lingurita praf de ceapa

Directii

a) Se rumenește carne de vită, se scurge. Aliniați cuptorul olandez cu 1 pachet. rulouri semilunare. Întindeți sosul de pizza pe aluat.
b) Adăugați carne de vită, pepperoni și presărați deasupra oregano, pudră de usturoi și praf de ceapă. Adăugați brânzeturile și folosiți al doilea pachet.

rulouri de semilună pentru a forma crusta superioară.
c) Se coace 30 de minute la 350 de grade. Altele precum ardeiul verde tocat, tocat

37. Conuri de pizza cu salată de ouă

Ingredient

- 1/4 cană îmbuteliată de sos cremos italian pentru salată, cu conținut redus de grăsimi
- 1/2 lingurita condiment italian, zdrobit
- 6 oua fierte tari, tocate
- 1/4 cană ceapă verde feliată cu blat
- 1/4 cană pepperoni tocat
- 6 conuri de înghețată simplă
- Ciuperci tocate, ardei verzi, masline negre dupa preferinta
- 3/4 cană sos pizza
- 2 linguri de parmezan ras

Directii

a) Într-un castron mediu, amestecați împreună sosul și condimentele. Se amestecă ouăle, ceapa și pepperoni.

Acoperiți și lăsați la frigider până când sunt gata de servire.

b) Pentru a servi, puneți aproximativ 1/3 cană din amestec în fiecare con. Acoperiți cu aproximativ 2 linguri de sos de pizza și ciuperci, ardei și măsline după dorință. Stropiți fiecare cu aproximativ 1 linguriță de brânză.

38. Pizza cu smochine, taleggio și radicchio

Ingredient

- 3 smochine uscate Mission
- ½ cană de vin roșu uscat
- 2 linguri bucati de nuca cruda'
- Făină universală
- 1 (6 oz.) bila de aluat pentru pizza fără frământare
- 2 linguri ulei de masline extravirgin
- ½ radicchio cu cap mic, mărunțit (aproximativ ¼ cană)
- 2 oz. Taleggio sau altă brânză înțepătoare, tăiată în bucăți mici

Directii

a) Preîncălziți grătarul cu grătarul setat la 5 inci de element sau flacără. Dacă folosiți o tigaie din fontă sau o tigaie pentru pizza, puneți-o la foc mediu-mare până când se încinge, aproximativ 15 minute.
b) Transferați tigaia (întoarsă cu susul în jos) sau tigaia de grătar în broiler.

c) Puneți smochine într-o tigaie mică, pusă la foc mediu, turnați vinul și aduceți la fierbere. Opriți focul și lăsați smochinele la macerat cel puțin 30 de minute. Scurgeți, apoi tăiați în bucăți de ½ inch. Prăjiți bucățile de nucă într-o tigaie uscată la foc mediu-mare, 3 până la 4 minute. Se transferă pe o farfurie, se lasă să se răcească, apoi se toacă grosier.

d) Pentru a modela aluatul, pudrați o suprafață de lucru cu făină și puneți bila de aluat pe ea. Se presară cu făină și se frământă de câteva ori până când aluatul se îmbină. Adăugați mai multă făină dacă este necesar. Formați-o într-o rotundă de 8 inci apăsând din centru spre margini, lăsând o margine de 1 inch mai groasă decât restul.

e) Deschideți ușa cuptorului și glisați rapid afară grătarul cu suprafața de gătit pe el. Ridicați aluatul și transferați-l rapid pe suprafața de gătit, având grijă să nu atingeți suprafața.

f) Stropiți 1 lingură de ulei pe aluat, împrăștiați bucățile de nucă deasupra, apoi radicchio, apoi smochine tocate și apoi brânză. Glisați grătarul înapoi în cuptor și închideți ușa. Prăjiți pizza până când crusta s-a umflat pe margini, pizza s-a înnegrit pe pete și brânza s-a topit, 3 până la 4 minute.

g) Scoateți pizza cu o coajă de lemn sau metal sau un pătrat de carton, transferați-o pe o masă de tăiat și lăsați-o să se odihnească câteva minute. Stropiți deasupra 1 lingură de ulei rămasă, tăiați pizza în sferturi, transferați-o pe o farfurie și mâncați.

39. Plăcintă cu unt de arahide congelată

Ingredient

- 2 coji de aluat subțire de 12 inci
- 2 linguri de unt, înmuiat
- 1 8 oz. pachet crema de branza, moale
- 1 cană unt de arahide cremos, înmuiat
- 1 1/2 cani de zahar pudra
- 1 cană lapte
- 1 12-oz. pachet Cool Whip
- sirop de ciocolată

Directii

a) Preîncălziți cuptorul la 400°F.
b) Ungeți blaturile și marginile cojilor de pizza cu unt, puneți-le pe grătarul central al cuptorului și coaceți 8 minute. Scoateți și răciți pe gratele de sârmă.
c) Intr-un bol mare de mixer electric, batem crema de branza si untul de arahide, apoi adaugam zaharul pudra in trei portii, alternand cu laptele.

d) Încorporați Cool Whip dezghețat, apoi întindeți amestecul peste crusta de pizza răcită.
e) Congelați până se întărește. Servește pizza rece, dar nu congelată. Chiar înainte de servire, stropiți cu sirop de ciocolată.

40.   Super pizza la gratar

Ingredient

- ¼ cană sos marinara
- ¼ cană spanac proaspăt tocat
- ¼ cană de mozzarella mărunțită
- ¼ cană roșii cherry tăiate în sferturi
- 1/8 lingurita oregano

Directii

a) Se amestecă făina, apa, uleiul și sarea până se omogenizează.
b) Turnați aluatul pe grătarul fierbinte aburit cu spray de gătit.
c) Se încălzește fiecare parte timp de 4-5 minute (până când crusta începe să se rumenească).
d) Întoarceți crusta încă o dată și acoperiți cu sos marinara, spanac, brânză, roșii și oregano.
e) Se încălzește timp de 3 minute sau până când brânza se topește.

41. Pizza la gratar

Ingredient

- 1 lingurita drojdie uscata
- 1 lingura ulei de soia
- 1 lingurita zahar
- ½ cană apă caldă (110°F)
- 1 ½ cană făină de pâine
- 1 lingura faina de soia
- 1 lingurita sare

Directii

a) Combinați drojdia, zahărul și ½ cană de apă foarte caldă într-un castron, lăsați să stea timp de cinci minute. Combinați făina și sarea într-un bol. Amestecați amestecul de drojdie cu vasul care conține uscat. Adăugați puțină făină dacă aluatul este lipicios. Frământați timp de 10 minute bune.

b) Se pune intr-un bol uns cu unt si se lasa la crescut 60 de minute pana isi dubleaza volumul. Se rastoarna pe o suprafata infainata apoi se framanta usor pana se omogenizeaza. Întindeți-l într-un cerc de $\frac{1}{4}$" gros, cu diametrul de 12". Cu cât aluatul este rulat mai subțire, cu atât mai bine.

c) Înainte de a vă pune crusta pe grătar, asigurați-vă că grătarul este atât curat, cât și bine uns. Acest lucru va ajuta la prevenirea lipirii aluatului de grătar. Veți avea nevoie de ceva suficient de mare pentru a vă transporta aluatul la grătar. O spatulă pentru pizza este foarte recomandată pentru această sarcină. Ungeți un strat uniform de ulei de măsline extravirgin pe partea care va fi orientată mai întâi în jos. Uleiul va introduce aromă și va ajuta să nu se lipească aluatul de grătar, precum și să confere crustei un finisaj frumos crocant.

d) Înainte de a vă așeza pizza pe grătar, vă recomandăm să scoateți raftul superior al grătarului pentru a face mai ușor să răsturnați pizza.

e) Gătiți prima parte cu 1-3 minute înainte de a o întoarce, în funcție de căldura grătarului. În acest timp, va trebui să periați uleiul de măsline pe partea care este în sus. În timp ce gătiți prima parte, atingeți vârful sub marginea crustei pentru a-i monitoriza finisajul.

f) Gatiti pana sunteti multumit de finisaj si apoi intoarceti crusta. După răsturnare, aplicați imediat orice topping pe care doriți. Este foarte recomandat să păstrați toppingul foarte ușor, deoarece nu vor avea șansa să se gătească pe grătar fără să ardă crusta. Puteți lua în considerare pregătirea anumitor, cum ar fi carnea și legumele groase. Asigurați-vă că ați coborât capacul cât mai curând posibil pentru a reține căldura și a termina de gătit toppingurile.

g) Gatiti pizza inca 2-3 minute sau pana cand sunteti multumit de finisarea crustei.

42. Pizza alba la gratar cu soppressata

Ingredient

- Aluat
- 1 cană ulei de măsline
- 6 catei de usturoi zdrobiti
- 2 catei de usturoi tocati
- 1 cană ricotta cu lapte integral
- 1 lingurita de cimbru proaspat tocat
- 2 lingurițe plus 1 lingură de oregano proaspăt tocat, păstrați separat 1/2 cană ulei de măsline
- 4 căni de mozzarella mărunțită
- 1 cană parmezan mărunțit
- 6 uncii Soppressata sau alt salam curat, feliat subțire
- 4 uncii de ardei cireși (borcani), scurși și rupti în bucăți
- Sare kosher și piper negru proaspăt măcinat Făină de porumb (măcinată grosier), după cum este necesar

Directii

a) Preîncălziți cuptorul la 150°F sau la cea mai mică setare. Când cuptorul atinge temperatura, opriți cuptorul. Turnați apa în vasul de lucru al unui robot de bucătărie sau al unui mixer cu stand (ambele ar trebui să aibă atașament pentru aluat). Se presară uleiul, zahărul și drojdia peste apă și se presează de mai multe ori până se amestecă. Adăugați făina și sarea și procesați până când amestecul se oprește. Aluatul trebuie să fie moale și ușor lipicios. Dacă este foarte lipicios, adăugați făină câte 1 lingură și pulsați scurt. Dacă este încă prea tare, adăugați 1 lingură de apă și pulsați scurt. Procesați încă 30 de secunde.

b) Întoarceți aluatul pe o suprafață de lucru ușor făinată. Frământați-l cu mâna pentru a forma o minge netedă, rotundă. Puneți aluatul într-un castron mare, curat, acoperit cu ulei de măsline și acoperiți bine cu folie de plastic. Se lasa la dospit 15 minute la cuptor inainte de a continua.

c) Într-o oală mică adăugați 1 cană de ulei de măsline cu cei 6 căței de usturoi zdrobiți. Se lasa la fiert, apoi se ia de pe foc pentru a permite usturoiului sa infuzeze uleiul si sa se raceasca. Intr-un castron mic combina ricotta, 2 catei de usturoi tocati, cimbru tocat si 2 lingurite de oregano tocat. Scoateți aluatul din cuptor, loviți-l și răsturnați-l pe o suprafață de lucru ușor înfăinată. Împărțiți aluatul în patru bile de 4 inci. Așezați piatra pentru pizza pe grătar și preîncălziți grătarul cu gaz la maxim.

d) Stropiți ușor suprafața de lucru cu $\frac{1}{4}$ de cană făină de porumb. Rulați sau întindeți ușor 1 aluat într-un dreptunghi sau cerc de 12 inchi, $\frac{1}{4}$ inch grosime. Ungeți cu aproximativ 2 linguri de ulei de măsline. Stropiți coaja de pizza cu făină de porumb și apoi glisați aluatul rotund peste el. Așezați toppingurile pe aluat rotund în această ordine. ungeți cu ulei de usturoi, apoi puneți ricotta cu ierburi, apoi acoperiți cu mozzarella, parmezan, Soppressata și ardei cireș.

e) Cu coaja de pizza, glisați pizza pe piatra de pizza fierbinte. Închideți capacul cât mai repede posibil. Se prăjește aproximativ 5-7 minute sau până când fundul crustei este bine rumenit, toppingurile sunt calde și brânza spumoasă, aproximativ 5 până la 10 minute.

43.   Pizza cu legume la gratar

Ingredient

- 1 cană de apă călduță (aproximativ 100 grade F)
- ¼ cană ulei de măsline 1 ½ linguriță miere
- 1 plic drojdie cu creștere rapidă
- 3 căni de făină universală, plus suplimentar după cum este necesar
- 1 ½ linguriță sare kosher.

Directii

a) Preîncălziți cuptorul la 150 de grade sau la cea mai mică setare. Când cuptorul atinge temperatura, opriți cuptorul. Turnați apa în vasul de lucru al unui robot de bucătărie sau al unui mixer cu stand (ambele ar trebui să aibă atașament pentru aluat). Se presară uleiul, zahărul și drojdia peste apă și se presează de mai multe ori până se amestecă. Adăugați făina și sarea și procesați până când amestecul se oprește. Aluatul trebuie să fie moale și ușor lipicios. Dacă este foarte lipicios, adăugați făină câte 1 lingură și pulsați scurt. Dacă este încă prea tare, adăugați 1 lingură de apă și pulsați scurt. Procesați încă 30 de secunde.

b) Întoarceți aluatul pe o suprafață de lucru ușor făinată, frământați-l cu mâna pentru a forma o minge netedă, rotundă. Puneți aluatul într-un castron mare, curat, acoperit cu ulei de măsline și acoperiți bine cu folie de plastic. Se lasa la dospit 15 minute la cuptor inainte de a continua. Scoateți aluatul din cuptor, loviți-l și transformați-l într-o suprafață de lucru ușor înfăinată.

c) Împărțiți aluatul în patru bile de 4 inci și continuați cu instrucțiunile de preparare a pizza.

44. Pizza cu mozzarella, rucola și lămâie

Ingredient

- 1 aluat de pizza
- 2 cani de piure de rosii
- 1 cățel de usturoi, zdrobit
- 1 lingurita oregano uscat
- 1 lingurita pasta de rosii
- ½ lingurita sare
- Piper negru
- ¼ de linguriță fulgi de ardei roșu
- 2 căni de brânză mozzarella mărunțită
- ½ cană parmigiana ras
- Opțional, dar foarte frumos
- ½ legătura (aproximativ 2 căni) de rucola, curățată și uscată
- ½ lămâie
- Un strop de ulei de măsline

Directii

a) Turnați piureul de roșii într-o cratiță de mărime medie și încălziți la foc mediu. Adăugați usturoiul, oregano și pasta de roșii. Amestecați pentru a vă asigura că pasta a fost absorbită în piure.

b) Aduceți la fierbere (acest lucru ajută sosul să scadă puțin), apoi reduceți focul și amestecați pentru a vă asigura că sosul nu se lipește. Sosul poate fi gata în 15 minute sau poate fi fiert mai mult timp, până la jumătate de oră. Se va reduce cu aproximativ un sfert, ceea ce vă oferă cel puțin $\frac{3}{4}$ de cană de piure per pizza.

c) Gustați de sare și asezonați corespunzător și adăugați piper negru și/sau fulgi de ardei roșu. Scoateți cățelul de usturoi.

d) Se pune sosul în mijlocul cercului de aluat și se întinde cu o spatulă de cauciuc până când suprafața este complet acoperită.

e) Puneți mozzarella (1 cană pe pizza de 12 inchi) deasupra sosului. Amintiți-vă, brânza se va răspândi pe măsură ce se topește în cuptor, așa că nu vă faceți griji dacă vi se pare că pizza nu este acoperită din plin cu brânză.

f) Puneți într-un cuptor preîncălzit la 500°F și coaceți conform instrucțiunilor pentru aluatul de pizza.
g) Cand pizza este gata, orneaza-o cu Parmigiana si rucola (daca folosesti). Stoarceți lămâia peste tot verdeața și/sau stropiți cu ulei de măsline dacă doriți.

45. Pizza mexicană

Ingredient

- 1/2 lb. carne de vită măcinată
- 1/2 lingurita sare
- 1/4 lingurita ceapa tocata uscata
- 1/4 lingurita boia
- 1-1/2 linguriță pudră de chili
- 2 linguri de apa
- 8 tortilla mici (6-inch diametru) de făină
- 1 cană de scurtare Crisco sau ulei de gătit
- 1 cutie (16 oz.) de fasole prăjită
- 1/3 cană roșii tăiate cubulețe
- 2/3 cană salsa picante ușoară
- 1 cană brânză cheddar mărunțită
- 1 cană de brânză Monterey Jack mărunțită
- 1/4 cana ceapa verde tocata
- 1/4 cană măsline negre feliate

Directii

a) Gătiți carnea de vită la foc mediu până se rumenește, apoi scurgeți excesul de grăsime din tigaie. Adăugați sare, ceapa, boia de ardei, praf de chili și apă, apoi lăsați amestecul să fiarbă la foc mediu timp de aproximativ 10 minute. Amestecați des.

b) Încinge uleiul sau shorteningul Crisco într-o tigaie la foc mediu-înalt. Dacă uleiul începe să fumeze, este prea fierbinte. Când uleiul este fierbinte, prăjiți fiecare tortilla timp de aproximativ 30-45 de secunde pe fiecare parte și puneți deoparte pe prosoape de hârtie.

c) Când prăjiți fiecare tortilla, asigurați-vă că faceți bulele care se formează, astfel încât tortilla să se întindă în ulei. Tortilele ar trebui să devină maro auriu. Încălziți fasolea prăjită într-o tigaie mică deasupra aragazului sau în cuptorul cu microunde.

d) Preîncălziți cuptorul la 400F. Când carnea și tortilla sunt gata, stivuiți fiecare pizza, răspândind mai întâi aproximativ 1/3 cană de fasole prăjită pe fața unei tortille. Întindeți apoi 1/4 până la 1/3 de cană de carne, apoi o altă tortilla.

e) Acoperiți-vă pizza cu două linguri de salsa pe fiecare, apoi împărțiți roșiile și stivuiți-le deasupra. Apoi împărțiți brânza, ceapa și măslinele, stivuind în această ordine.

f) Pune pizza în cuptorul încins timp de 8-12 minute sau până când brânza de deasupra se topește. Face 4 pizza.

46. Mini Pizza Covrigi

Ingredient

- Mini Covrigi
- Sos de pizza
- Brânză Mozzarella măruntită

Directii

a) Preîncălziți cuptorul la 400
b) Împărțiți covrigi în jumătate, întindeți sosul uniform pe fiecare jumătate, presărați brânză.
c) Coaceți 3-6 minute sau până când brânza se topește după bunul plac.

47.   Muffuletta Pizza

Ingredient

- 1/2 cana telina tocata marunt
- 1/3 cană măsline verzi tocate umplute cu piment
- 1/4 cană pepperoncini tocat
- 1/4 cana ceapa cocktail tocata
- 1 catel de usturoi, tocat
- 3 linguri ulei de măsline extravirgin
- 2 lingurițe amestec uscat pentru salată italiană
- 3 oz. felii subțiri de șuncă/salam, tăiat cubulețe
- 8 oz. brânză provolone măruntită
- 2 cruste de aluat nefierte de 12".
- ulei de măsline extra virgin

Directii

a) Se amestecă primele 7 pentru salata de măsline marinate și se răcește peste noapte. Combinați salata de măsline, șunca și brânza. Acoperiți o crustă de aluat cu 1/2 din amestec. Stropiți cu ulei. Coaceți în cuptorul preîncălzit la 500 ° F pentru
b) 8-10 minute sau până când crusta este aurie și brânza este topită. Scoateți din cuptor și răciți pe un grătar timp de 2-3 minute înainte de a tăia felii și de a servi.
c) Repetați cu altă crustă de aluat.

48. Pan Pizza

Ingredient

- Aluat
- 2 linguri ulei de masline
- 1 cățel de usturoi, curățat și tocat
- 2 linguri pasta de rosii
- Un praf de fulgi de chile, dupa gust
- Cutie de 128 de uncii roșii tocate sau zdrobite
- 2 linguri de miere, sau dupa gust
- 1 lingurita de sare kosher, sau dupa gust

Directii

a) Combinați făina și sarea în cel mai mare bol de amestecare. Într-un alt castron, combinați apa, untul, uleiul de măsline și drojdia. Amesteca bine.
b) Folosește o spatulă de cauciuc pentru a crea o adâncitură în centru pe amestecul de făină și adaugă la ea lichidul din celălalt bol, amestecând cu spatula și

răzuind părțile laterale ale vasului pentru a aduce totul împreună.

c) Amestecați totul până devine o minge mare, umed, acoperiți cu folie de plastic și lăsați să stea timp de 30 de minute.

d) Descoperiți aluatul și, cu mâinile înfăinate, frământați-l până devine uniform neted și lipicios, aproximativ 3 până la 5 minute. Mutați bila de aluat într-un bol de amestecare curat, acoperiți cu folie de plastic și lăsați să crească timp de 3 până la 5 ore la temperatura camerei, apoi dați la frigider, cel puțin 6 ore și până la 24 de ore.

e) În dimineața în care doriți să faceți pizza, scoateți aluatul din frigider, împărțiți-le în 3 bucăți de dimensiuni egale (aproximativ 600 de grame fiecare) și modelați-le în bile alungite. Folosiți ulei de măsline pentru a unge trei tigaie din fontă de 10 inchi, tăvi de copt de 8 inchi pe 10 inci cu laturi înalte, vase de copt de sticlă de 7 inci pe 11 inci sau o combinație a acestora și așezați bilele. în ele.

f) Acoperiți cu folie de plastic și lăsați să crească la temperatura camerei, 3 până la 5 ore. amestecul este lucios și abia începe să se caramelizeze.

g) Faceți sosul. Puneți o cratiță la foc mediu-mic și adăugați în ea 2 linguri de ulei de măsline. Când uleiul strălucește, adăugați usturoiul tocat și gătiți, amestecând, până devine auriu și aromat, aproximativ 2-3 minute.

h) Adauga pasta de rosii si un praf de fulgi de chile si ridica focul la mediu. Gatiti, amestecand des

i) Adăugați roșiile, aduceți la fierbere, apoi reduceți focul și lăsați să fiarbă timp de 30 de minute, amestecând din când în când.

j) Luați sosul de pe foc și adăugați mierea și sarea, după gust, apoi amestecați într-un blender de imersie sau lăsați să se răcească și folosiți un blender obișnuit. (Sosul poate fi făcut din timp și păstrat la frigider sau congelator. Face suficient pentru 6 sau cam așa plăcinte.)

k) După aproximativ 3 ore, aluatul aproape că și-a dublat volumul. Întindeți aluatul foarte ușor pe părțile laterale ale tigăilor, gropindu-l ușor cu degetele. Aluatul poate fi apoi lăsat să se odihnească încă 2 până la 8 ore, acoperit cu folie.

l) Faceți pizza. Încinge cuptorul la 450. Trage ușor aluatul la marginile tigăilor dacă nu s-a ridicat deja la margini. Folosiți o lingură sau o oală pentru a pune 4 până la 5 linguri de sos pe aluat, acoperindu-l ușor în întregime. Presărați mozzarella cu umiditate scăzută pe plăcinte, apoi ungeți-le cu mozzarella proaspătă și pepperoni după gust. Stropiți cu oregano și stropiți cu puțin ulei de măsline.

m) Așezați pizza pe grătarul din mijloc al cuptorului pe o foaie de copt mare sau foi pentru a capta scurgerile, apoi gătiți timp de aproximativ 15 minute. Folosiți o spatulă offset pentru a ridica pizza și verificați fundul.

n) Pizza se face când crusta este aurie și brânza este topită și începe să se rumenească deasupra, aproximativ 20 până la 25 de minute.

49. Pepperoni Pizza Chili

Ingredient

- 2 kg carne de vită tocată
- Legături de cârnați italieni fierbinți de 1 kg
- 1 ceapa mare, tocata
- 1 ardei verde mare, tocat
- 4 catei de usturoi, tocati
- 1 borcan (16 uncii) salsa
- 1 conserve (16 uncii) de fasole chili fierbinte, nescurcate
- 1 conserve (16 uncii) de fasole, clătită și scursă
- 1 cutie (12 uncii) sos de pizza
- 1 pachet (8 uncii) pepperoni felii, tăiat la jumătate
- 1 cană apă
- 2 lingurite pudra de chili
- 1/2 lingurita sare

- 1/2 lingurita piper

- 3 căni (12 uncii) de brânză mozzarella parțial degresată mărunțită

Directii

a) Într-un cuptor olandez, gătiți carnea de vită, cârnații, ceapa, ardeiul verde și usturoiul la foc mediu până când carnea nu mai este roz; scurgeți.
b) Se amestecă salsa, fasole, sosul de pizza, pepperoni, apă, praf de chili, sare și piper. Se aduce la fierbere. Reduceți căldura; acoperiți.

50. Pizza pesto

Ingredient

- 1 1/2 cani (ambalate) frunze de spanac cu tulpina
- 1/2 cană (ambalată) frunze de busuioc proaspăt (aproximativ 1 buchet)
- 1 1/2 linguri de ulei din roșii uscate la soare sau ulei de măsline
- 1 cățel mare de usturoi
- Ulei de masline
- 1 coajă de aluat NY Style de 12 inchi
- 1/3 cană felii de roșii uscate la soare, scurse de ulei, 2 căni de brânză mozzarella rasă (aproximativ 8 uncii)
- 1 cană parmezan ras

Directii

a) Amestecați primele 4 în procesor până la piure grosier. Transferați pesto într-un castron mic. (Poate fi preparat cu 1 zi înainte. Apăsați plasticul direct pe suprafața pesto-ului pentru a acoperi frigiderul.) Preîncălziți cuptorul la 500F. Ungeți o tavă pentru pizza de 12 inchi cu ulei de măsline.

b) Aranjați aluatul în tavă și întindeți tot pesto-ul peste aluat. Se presară roșii uscate la soare, apoi brânzeturi. Coaceți pizza până când crusta se rumenește și brânza se topește.

51.   Pizza Philly Cheesesteak

Ingredient

- 1 ceapă medie, feliată
- 1 ardei verde mediu, feliat
- 8 oz. Ciuperci, feliate
- 8 oz. Roast beef, ras
- 3 linguri de sos Worcestershire
- 1/4 ceaiuri. Piper negru
- 1 lot de aluat sicilian cu crusta groasa
- 3 linguri ulei de masline
- 1 lingurita usturoi zdrobit
- 4 căni de brânză provolone
- 1/4 cani de parmezan, ras

Directii

a) Se caleste legumele in 1 lingura. ulei de măsline până când este moale adăugați friptura de vită. Gatiti inca trei minute.
b) Se adaugă sosul Worcestershire și se amestecă piper și se ia de pe foc. Pus deoparte.
c) Ungeți aluatul preparat cu ulei de măsline și întindeți usturoiul zdrobit pe toată suprafața aluatului. Acoperiți cu un strat ușor de brânză mărunțită, apoi amestecul de carne/legume, repartizând uniform.

d) Acoperiți cu brânză măruntită rămasă, apoi parmezan. Coaceți în cuptorul preîncălzit la 500F până când brânza este topită și clocotită.
e) Lăsați să stea 5 minute înainte de a tăia și servi.

52. Pizza pita cu masline verzi

Ingredient

Salata tocata

- 1 cățel de usturoi, curățat și tăiat la jumătate
- 2 linguri de otet balsamic
- 1 ceapă roșie mică, tăiată în jumătate, feliată subțire
- ¼ cană ulei de măsline extravirgin
- Sare de mare grunjoasă și piper negru proaspăt 3 inimi de romaine, tocate grosier 4 castraveți Kirby medii, tăiați în
- bucăți de mărimea unei mușcături
- 2 roșii medii, fără miez, fără semințe și tăiate cubulețe
- 1 avocado copt, tăiat cubulețe
- 5 frunze de busuioc proaspăt, rupte în bucăți
- 8-10 frunze de mentă proaspătă, rupte în bucăți

Pita Pizza
- 4 (7 inchi) pâine pita mai puțin buzunar
- 8 oz. Branza Monterey Jack, rasa
- ½ cană măsline verzi fără sâmburi și mărunțite

- 2 ardei jalapeño, tocați Fulgi de ardei roșu mărunțiți Piper negru proaspăt măcinat Parmezan ras pentru garnitură

Directii

a) Preîncălziți cuptorul la 450°F.
b) Pentru a pregăti salata, frecați energic interiorul unui vas mare cu usturoiul. Se adauga otetul si ceapa rosie si se lasa deoparte 5 minute. Se amestecă uleiul și se condimentează cu sare și piper. Adăugați salata verde, castraveții, roșiile, avocado, busuioc și menta și amestecați bine.
c) Coaceți pita, în reprize dacă este necesar, pe piatra sau tigaie pentru pizza încălzită timp de 3 minute. Într-un castron mic, combinați brânza, măslinele și jalapeño. Împărțiți acest amestec între cele patru pita.
d) Pite-urile se dau înapoi la cuptor, câte două și se coace până când brânza clocotește și se rumenește ușor, aproximativ 5 minute. Puneți salata peste pizza, stropiți cu parmezan și serviți.

e) IMPRINȚI pâine pita cu sos. Adăugați în plus pudră de usturoi și oregano, dacă doriți. Apoi ADĂUGAȚI alegerea ta de topping-uri! Roșiile tocate, ceapa, ardeii, dovlecelul sau dovleceii galbeni sunt toate delicioase și hrănitoare!

f) Se coace la 400° timp de 10 minute.

53.   Pizza Burgers

Ingredient

- 1 lb. carne de vită măcinată
- 1/4 c măsline tocate
- 1 c brânză cheddar
- 1/2 l. praf de usturoi
- 1 8 oz. cutie de sos de rosii
- 1 ceapă, tăiată cubulețe

Directii

a) Rumeniți carnea cu usturoi și ceapă.
b) Se ia de pe foc si se adauga sosul de rosii si maslinele.
c) Puneți în chifle hot dog cu brânză.
d) Înveliți în folie și coaceți 15 minute la 350 de grade.

54. Lunchbox Pizza

Ingredient

- 1 pâine pita rotundă
- 1 lingurita ulei de masline
- 3 linguri sos pizza
- 1/2 C. brânză mozzarella măruntită
- 1/4 C. ciuperci crimini feliate
- 1/8 linguriță sare de usturoi

Directii

a) Setați grătarul la foc mediu-mare și ungeți grătarul.
b) Întindeți uleiul și sosul de pizza pe o parte a pâinii pita în mod uniform.
c) Peste sos se aseaza ciupercile si branza si se presara totul cu sare de usturoi.
d) Aranjați pâinea pita pe grătar, cu ciupercile în sus.
e) Acoperiți și gătiți pe grătar aproximativ 5 minute.

55. Tratament cu fructe răcit

Ingredient

- 1 pachet (18 oz.) de aluat de prăjituri cu zahăr la frigider
- 1 borcan (7 oz.) cremă de marshmallow
- 1 pachet (8 oz.) cremă de brânză, înmuiată

Directii

a) Setați cuptorul la 350 de grade F înainte de a face orice altceva.
b) Puneți aluatul pe o tavă medie de copt, de aproximativ 1/4 inch grosime.
c) Gatiti totul la cuptor pentru aproximativ 10 minute.
d) Scoateți totul din cuptor și lăsați-l deoparte să se răcească.
e) Într-un castron, amestecați crema de brânză și crema de marshmallow.
f) Întindeți amestecul de cremă de brânză peste crustă și puneți-l la rece înainte de servire.

56. Pizza afumată

Ingredient

- 3 1/2 C. făină universală
- Drojdie pentru crusta de pizza
- 1 lingura zahar
- 1 1/2 linguriță sare
- 1 1/3 C. apă foarte caldă (120 grade până la 130 grade F)
- 1/3 C. ulei
- Făină suplimentară pentru rulare
- Ulei suplimentar pentru gratar
- Sos pizza
- Alte toppinguri după dorință
- Brânză mozzarella mărunțită

Directii

a) Setați grătarul la foc mediu-mare și ungeți grătarul.
b) Într-un castron mare, amestecați împreună 2 C din făină, drojdie, zahăr și sare.
c) Se adauga uleiul si apa si se amesteca pana se omogenizeaza bine.
d) Adăugați încet făina rămasă și amestecați până se formează un aluat ușor lipicios.
e) Puneți aluatul pe o suprafață înfăinată și frământați-l până devine elastic.

f) Împărțiți aluatul în 8 porții și rulați fiecare porție pe o suprafață cu făină în cerc de aproximativ 8 inci.
g) Ungeți ambele părți ale fiecărei cruste cu puțin ulei suplimentar.
h) Gatiti toate crustele pe gratar aproximativ 3-4 minute.
i) Transferați crusta pe o suprafață netedă, cu partea prăjită în sus.
j) Întindeți uniform un strat subțire de sos de pizza pe fiecare crustă.
k) Puneți toppingurile dorite și brânza peste sos și gătiți totul pe grătar până când brânza se topește.

57. Pizza dulce

Ingredient

- 1 pachet (18 oz.) de aluat de prăjituri cu zahăr la frigider
- 1 recipient (8 oz.) topping congelat, dezghețat
- 1/2 C. banană feliată
- 1/2 C. căpșuni proaspete feliate
- 1/2 C. ananas zdrobit, scurs
- 1/2 C. struguri fără semințe, tăiați la jumătate

Directii

a) Setați cuptorul la 350 de grade F înainte de a face orice altceva.
b) Puneți aluatul pe o tavă de pizza de 12 inchi.
c) Gatiti totul la cuptor pentru aproximativ 15-20 de minute.
d) Scoateți totul din cuptor și lăsați-l deoparte să se răcească.
e) Întindeți toppingul peste crustă și acoperiți cu fructe în orice design dorit.
f) Dați la rece înainte de servire.

58. Pizza unică

Ingredient

- 1 cutie (10 oz) de aluat pentru crusta de pizza la frigider
- 1 C. humus răspândit
- 1 1/2 C. ardei gras felii, orice culoare
- 1 C. buchetele de broccoli
- 2 C. brânză Monterey Jack măruntită

Directii

a) Setați cuptorul la 475 de grade F înainte de a face orice altceva.
b) Pune aluatul pe o tava pentru pizza.
c) Așezați uniform peste crustă un strat subțire de hummus și acoperiți totul cu broccoli și ardei gras.
d) Presărați pizza cu brânză și gătiți totul la cuptor pentru aproximativ 10-15 minute.

59.   Pizza artizanală

Ingredient

- 1 (12 inchi) crustă de pizza precoaptă
- 1/2 C. pesto
- 1 roșie coaptă, tocată
- 1/2 C. ardei gras verde, tocat
- 1 cutie (2 oz.) de măsline negre tocate, scurse
- 1/2 ceapa rosie mica, tocata
- 1 cutie (4 oz.) inimioare de anghinare, scurse și tăiate felii
- 1 C. brânză feta mărunțită

Directii

a) Setați cuptorul la 450 de grade F înainte de a face orice altceva.
b) Pune aluatul pe o tava pentru pizza.
c) Așezați un strat subțire de pesto peste crustă uniform și acoperiți cu legume și brânză feta.
d) Presărați pizza cu brânză și gătiți totul la cuptor pentru aproximativ 8-10 minute.

60. Pepperoni Pizza Dip

Ingredient

- 1 pachet (8 oz.) cremă de brânză, înmuiată
- 1 cutie (14 oz) de sos de pizza
- 1/4 lb. cârnați pepperoni, tăiați cubulețe
- 1 ceapa, tocata
- 1 cutie de măsline negre, tocate
- 2 C. brânză mozzarella mărunțită

Directii

a) Setați cuptorul la 400 de grade F înainte de a face orice altceva și ungeți o tavă de plăcintă de 9 inci.
b) Pe fundul tavii de plăcintă preparate, puneți crema de brânză și deasupra cu sosul de pizza.
c) Acoperiți totul cu măsline, pepperoni și ceapă și presărați cu brânză mozzarella.
d) Gatiti totul la cuptor pentru aproximativ 20-25 de minute.

61. Pizza cu ton

Ingredient

- 1 pachet (8 oz.) cremă de brânză, înmuiată
- 1 pachet (14 oz.) crustă de pizza precoaptă
- 1 conserve (5 oz) de ton, scurs și fulgi
- 1/2 C. ceapa rosie taiata subtire
- 1 1/2 C. brânză mozzarella mărunțită
- fulgi de ardei rosu macinati, sau dupa gust

Directii

a) Setați cuptorul la 400 de grade F înainte de a face orice altceva.
b) Întindeți crema de brânză peste crusta pre-coaptă.
c) Acoperiți crusta cu ton și ceapă și stropiți cu brânză mozzarella și fulgi de ardei roșu.
d) Gatiti totul la cuptor pentru aproximativ 15-20 de minute.

62. Pui cu aromă de pizza

Ingredient

- 1/2 C. Pesmet de pâine condimentat în Italia
- 1/4 C. parmezan ras
- 1 lingurita sare
- 1 lingurita piper negru macinat
- 1/2 C. făină universală
- 1 ou
- 1 lingurita suc de lamaie
- 2 jumătăți de piept de pui fără piele și dezosat
- 1/2 C. sos pizza, împărțit
- 1/2 C. brânză mozzarella măruntită, împărțită
- 4 felii pepperoni, sau dupa gust - impartite

Directii

a) Setați cuptorul la 400 de grade F înainte de a face orice altceva.
b) Într-un vas puțin adânc, adăugați sucul de lămâie și oul și bateți bine.
c) Într-un al doilea castron puțin adânc, puneți făina.
d) Într-un al treilea castron, amestecați parmezanul, pesmetul, sarea și piperul negru.

e) Ungeți fiecare piept de pui cu amestecul de ouă și rulați în amestecul de făină.
f) Înmuiați din nou puiul în amestecul de ouă și rulați în amestecul de pesmet.
g) Aranjați piepții de pui într-o tavă de copt și gătiți totul la cuptor pentru aproximativ 20 de minute.
h) Așezați aproximativ 2 linguri de sos de pizza peste fiecare piept de pui și acoperiți uniform cu brânză și felii de pepperoni.
i) Gatiti totul la cuptor pentru aproximativ 10 minute.

63. Mic dejun Pizza

Ingredient

- 2/3 C. apă caldă
- 1 pachet (.25 oz.) drojdie instant
- 1/2 linguriță sare
- 1 lingurita zahar alb
- 1/4 linguriță de oregano uscat
- 1 3/4 C. făină universală
- 6 felii de bacon, tocate
- 1/2 C. ceapa verde, feliata subtire
- 6 oua, batute
- sare si piper dupa gust
- 1/2 C. sos pizza
- 1/4 C. parmezan ras
- 2 oz. salam taiat felii subtiri

Directii

a) Setați cuptorul la 400 de grade F înainte de a face orice altceva și ungeți ușor o tavă de pizza.
b) Într-un castron, adăugați apa, zahărul, drojdia, oregano și sarea și amestecați până se dizolvă complet.
c) Adăugați aproximativ 1 C. de făină și amestecați bine.
d) Adăugați făina rămasă și amestecați bine.

e) Cu o folie de plastic, acoperiți vasul și lăsați deoparte aproximativ 10-15 minute.
f) Încinge o tigaie mare la foc mediu și gătește baconul până se rumenește complet.
g) Adăugați ceapa verde și prăjiți timp de aproximativ 1 minut.
h) Adăugați ouăle și gătiți, amestecând până se pregătesc ouăle omletă.
i) Se amestecă sarea și piperul negru.
j) Întindeți sosul de pizza peste aluat și puneți aluatul pe tava pentru pizza pregătită.
k) Acoperiți cu slănină, ouă, parmezan și salam și gătiți totul la cuptor pentru aproximativ 20-25 de minute.

64. Pizza proaspătă de grădină

Ingredient

- 2 pachete (8 oz.) rulouri semilună refrigerate
- 2 pachete (8 oz.) cremă de brânză, înmuiată
- 1/3 C. maioneza
- 1 pachet (1,4 oz.) amestec uscat de supă de legume
- 1 C. ridichi, feliate
- 1/3 C. ardei gras verde tocat
- 1/3 C. ardei gras rosu tocat
- 1/3 C. ardei gras galben tocat
- 1 C. buchetele de broccoli
- 1 C. buchetele de conopidă
- 1/2 C. morcov tocat
- 1/2 C. telina tocata

Directii

a) Setați cuptorul la 400 de grade F înainte de a face orice altceva.
b) În partea de jos a unei tavi de jeleu de 11 x 14 inci, întindeți aluatul pentru rulada de semilună.
c) Cu degetele, prindeți toate cusăturile împreună pentru a forma o crustă.

d) Gatiti totul la cuptor pentru aproximativ 10 minute.
e) Scoateți totul din cuptor și lăsați-l deoparte să se răcească complet.
f) Într-un castron, amestecați maioneza, crema de brânză și amestecul de supă de legume.
g) Puneți uniform amestecul de maioneză peste crustă și acoperiți totul cu legume uniform și presă-le ușor în amestecul de maioneză.
h) Cu folie de plastic, acoperiți pizza și puneți-o la frigider peste noapte.

65. Coji de pizza

Ingredient

- 2 conserve de roșii zdrobite
- 2 linguri ulei de canola
- 2 linguri oregano uscat
- 1 lingurita busuioc uscat
- 1 lingurita zahar alb
- 1 cutie (12 oz) de coji de paste jumbo
- 1 conserve (6 oz.) de ciuperci feliate, scurse
- 1/2 ardei gras verde, tocat
- 1/2 ceapa, tocata
- 2 C. brânză Monterey Jack mărunțită
- 1 pachet (6 oz.) de mini pepperoni felii

Directii

a) Intr-o tigaie adaugam rosiile zdrobite, busuiocul, oregano, zaharul si uleiul si amestecam bine.
b) Acoperiți tigaia și aduceți la fierbere.
c) Reduceți focul la mic și fierbeți aproximativ 30 de minute.
d) Setați cuptorul la 350 de grade F.
e) Într-o cratiță mare cu apă clocotită ușor sărată, gătiți cojile de paste timp de aproximativ 10 minute, amestecând din când în când.
f) Se scurge bine si se tine deoparte.

g) Într-un castron, amestecați ardeiul verde, ceapa și ciupercile.
h) Puneți aproximativ 1 linguriță de sos de roșii în fiecare coajă și stropiți cu amestecul de ceapă și aproximativ 1 lingură de brânză Monterey Jack.
i) Într-o tavă de copt de 13x9 inci, aranjați cojile, una lângă alta și atingând și puneți mini felii de ardei pepperoni peste fiecare coajă.
j) Gatiti totul la cuptor pentru aproximativ 30 de minute.

66. Pizza fierbinte italiană la tigaie

Ingredient

- 1 lingurita ulei de masline
- 1 ceapă spaniolă, tăiată subțire
- 1 ardei gras verde, feliat subțire
- 1 (3,5 oz) cârnați italian fierbinți, feliați
- 1/4 C. ciuperci proaspete feliate, sau mai multe după gust
- 1 felie de mămăligă pregătită, tăiată în bucăți de 4x4 inci
- 1/4 C. sos de spaghete, sau la nevoie
- 1 oz. brânză mozzarella mărunțită

Directii

a) Într-o tigaie mare, încălziți uleiul la foc mediu și căliți cârnații, ardeiul gras, ciupercile și ceapa timp de aproximativ 10-15 minute.
b) Transferați amestecul într-un castron mare.
c) În aceeași tigaie, adăugați mămăliguța și gătiți aproximativ 5 minute pe ambele părți.
d) Acoperiți mămăliga cu amestecul de cârnați, urmat de sosul de spaghete și brânză mozzarella.
e) Gatiti aproximativ 5-10 minute.

67. Pizza în stil New Orleans

Ingredient

- 8 măsline negre jumbo, fără sâmburi
- 8 măsline verzi fără sâmburi
- 2 linguri telina tocata
- 2 linguri ceapa rosie tocata
- 2 catei de usturoi tocati
- 6 frunze de busuioc proaspat tocat
- 1 lingurita patrunjel proaspat tocat
- 2 linguri ulei de masline
- 1/2 linguriță de oregano uscat
- sare si piper negru proaspat macinat dupa gust
- 1 pachet (16 oz.) crustă de pizza gata preparată
- 1 lingurita ulei de masline
- 1/2 lingurita de usturoi pudra dupa gust si sare dupa gust
- 2 oz. brânză mozzarella și 2 oz. brânză provolone
- 2 oz. parmezan ras
- 2 oz. salam tare feliat subțire, tăiat fâșii
- 2 oz. mortadella feliată subțire, tăiată fâșii
- 4 uncii. prosciutto feliat subțire, tăiat fâșii

Directii

a) Într-un castron, amestecați măslinele, ceapa, țelina, usturoiul, ierburile proaspete, oregano uscat, sare, piper negru și uleiul.
b) Acoperiți și lăsați la frigider înainte de utilizare.
c) Setați cuptorul la 500 de grade F.
d) Ungeți crusta de pizza cu ulei și stropiți cu praf de usturoi și sare.
e) Aranjați crusta de pizza peste grătarul cuptorului și gătiți totul în cuptor pentru aproximativ 5 minute.
f) Scoateți totul din cuptor și lăsați-l deoparte să se răcească complet.
g) Acum, setați cuptorul la broiler.
h) Într-un castron, amestecați toate restul.
i) Adăugați amestecul de măsline și amestecați pentru a se combina.
j) Așezați amestecul peste crustă uniform și gătiți sub grill timp de aproximativ 5 minute.
k) Tăiați vasul în felii dorite și serviți.

68. Pizza de joi seara

Ingredient

- 10 uncii fluide. apa calda
- 3/4 lingurite sare
- 3 linguri ulei vegetal
- 4 C. făină universală
- 2 lingurite drojdie uscata activa
- 1 conserve (6 oz.) de pastă de tomate
- 3/4 C. apă
- 1 pachet (1,25 oz) amestec de condimente pentru taco, împărțit
- 1 linguriță de pudră de chili
- 1/2 linguriță de piper cayenne
- 1 cutie (16 oz) de fasole prăjită fără grăsimi
- 1/3 C. salsa
- 1/4 C. ceapa tocata
- 1/2 lb. carne de vită măcinată
- 4 C. brânză Cheddar mărunțită

Directii

a) In masina de paine adaugati apa, sarea, uleiul, faina si drojdia in ordinea recomandata de producator.
b) Selectați ciclul de aluat.
c) Verificați aluatul după câteva minute.
d) Dacă este prea uscat și nu se amestecă încet, adăugați apă câte 1 lingură, până

când se amestecă și are o consistență plăcută de aluat flexibil.
e) Între timp, într-un castron mic, amestecați pasta de roșii, 3/4 din pachetul de amestec de condimente pentru taco, ardeiul cayenne, pudra de chili și apa.
f) Într-un alt castron, amestecați salsa, fasolea prăjită și ceapa.
g) Se încălzește o tigaie mare și se gătește carnea de vită până se rumenește complet.
h) Scurgeți excesul de grăsime din tigaie.
i) Adăugați restul de 1/4 pachet de condimente pentru taco și o cantitate mică de apă și fierbeți câteva minute.
j) Scoateți totul de pe foc.
k) Setați cuptorul la 400 de grade F înainte de a continua.
l) După terminarea ciclului de aluat, scoateți aluatul din mașină.
m) Împărțiți aluatul în 2 porții și puneți-l în două tavi de 12 inchi.
n) Întindeți un strat de amestec de fasole peste fiecare aluat, urmat de un strat de amestec de pastă de roșii, amestec de carne de vită și brânză cheddar.

o) Gătiți totul la cuptor pentru aproximativ 10-15 minute, întorcându-le la jumătatea timpului de coacere.

69. Pizza cu legume mixte

Ingredient

- 1 lingurita ulei de masline
- 1 sac (12 oz.) amestec de legume
- 1 (10 oz.) crustă de pizza din grâu integral precoaptă
- 1 C. sos de pizza preparat
- 1 oz. pepperoni felii
- 1 C. brânză mozzarella mărunțită

Directii

a) Setați cuptorul la 450 de grade F înainte de a face orice altceva.
b) Într-o tigaie mare antiaderență, încălziți uleiul la foc mediu-mare și gătiți legumele amestecate timp de aproximativ 10 minute, amestecând din când în când.
c) Așezați crusta de pizza pe o tavă de copt.
d) Întindeți uniform sosul de pizza peste crustă și acoperiți cu amestecul de legume, pepperoni și brânză mozzarella.
e) Gatiti totul la cuptor pentru aproximativ 10 minute

70. Pizza cu hamburger

Ingredient

- 8 chifle de hamburger, împărțite
- 1 lb. carne de vită măcinată
- 1/3 C. ceapa, tocata
- 1 cutie (15 oz) de sos de pizza
- 1/3 C. parmezan ras
- 2 1/4 lingurițe de condimente italiene
- 1 lingurita praf de usturoi
- 1/4 linguriță praf de ceapă
- 1/8 linguriță fulgi de ardei roșu mărunțiți
- 1 lingurita boia
- 2 C. brânză mozzarella mărunțită

Directii

a) Setați cuptorul la broiler și aranjați grătarul cuptorului la aproximativ 6 inci de elementul de încălzire.
b) Într-o foaie de copt, aranjați jumătățile de chiflă, cu crusta în jos și gătiți totul sub broiler timp de aproximativ 1 minut.
c) Acum, setați cuptorul la 350 de grade F.
d) Încinge o tigaie mare la foc mediu și gătește carnea de vită aproximativ 10 minute.
e) Scurgeți excesul de grăsime din tigaie.
f) Se amestecă ceapa și se prăjește totul timp de aproximativ 5 minute.

g) Adăugați restul cu excepția brânzei mozzarella și aduceți la fiert.
h) Se fierbe, amestecând din când în când, timp de 10-15 minute.
i) Aranjați chiflele pe o foaie de copt și acoperiți-le uniform cu amestecul de carne de vită și brânză mozzarella.
j) Gatiti totul la cuptor pentru aproximativ 10 minute.

71.   Crema de pizza

Ingredient

- 1 lb. cârnați măcinați
- 2 (12 inchi) cruste de pizza preparate
- 12 ouă
- 3/4 C. lapte
- sare si piper dupa gust
- 1 cutie (10,75 oz.) supă cremă condensată de țelină
- 1 cutie (3 oz.) bucăți de slănină
- 1 ceapa mica, tocata
- 1 ardei gras verde mic, tocat
- 4 C. brânză Cheddar mărunțită

Directii

a) Setați cuptorul la 400 de grade F înainte de a face orice altceva.
b) Încinge o tigaie mare la foc mediu-mare și gătește cârnații până se rumenesc complet.

c) Transferați cârnații pe o farfurie căptușită cu un prosop de hârtie pentru a se scurge apoi sfărâmați-l.
d) Între timp, într-un bol, adăugați laptele, ouăle, sarea și piperul negru și bateți bine.
e) În aceeași tigaie cu cârnați, amestecați ouăle până se întăresc complet.
f) Aranjați crustele de pizza cu susul în jos pe foile de prăjituri și gătiți totul la cuptor pentru aproximativ 5-7 minute.
g) Scoateți crustele din cuptor și întoarceți partea opusă în sus.
h) Întindeți aproximativ 1/2 cutie de supă cremă de țelină deasupra fiecărei cruste.
i) Pune 1/2 din amestec de ouă pe fiecare crustă.
j) Pune bucățile de slănină pe 1 pizza și deasupra cealaltă pizza cu cârnații mărunțiți.
k) Acoperiți fiecare pizza cu ceapă, ardei și 2 C. de brânză.
l) Gatiti totul la cuptor, aproximativ 25-30 de minute.

72. Roma Fontina Pizza

Ingredient

- 1/4 C. ulei de măsline
- 1 lingurita usturoi tocat
- 1/2 linguriță sare de mare
- 8 roșii rom, feliate
- 2 (12 inchi) cruste de pizza precoapte
- 8 oz. brânză Mozzarella mărunțită
- 4 uncii. brânză Fontina mărunțită
- 10 frunze de busuioc proaspăt, mărunțite
- 1/2 C. parmezan proaspăt ras
- 1/2 C. brânză feta mărunțită

Directii

a) Setați cuptorul la 400 de grade F înainte de a face orice altceva.

b) Într-un castron, amestecați roșiile, usturoiul, uleiul și sarea și lăsați-l deoparte aproximativ 15 minute.

c) Acoperiți fiecare crustă de pizza cu o parte din marinada de roșii.

d) Acoperiți totul cu brânzeturi Mozzarella și Fontina, urmate de roșii, busuioc, parmezan și brânză feta.

e)

73. Pizza picantă cu pui cu spanac

Ingredient

- 1 C. apă caldă
- 1 lingurita zahar alb
- 1 pachet (0,25 oz.) drojdie uscată activă
- 2 linguri ulei vegetal
- 3 C. făină universală
- 1 lingurita sare
- 6 felii de bacon
- 6 linguri de unt
- 2 catei de usturoi, tocati
- 1 1/2 C. smântână groasă
- 2 galbenusuri de ou
- 1/2 C. parmezan proaspăt ras
- 1/2 C. brânză Romano proaspăt rasă
- 1/8 linguriță de nucșoară măcinată
- 1/2 lingurita boia
- 1/4 linguriță de piper cayenne
- 1/4 linguriță de chimen măcinat
- 1/4 linguriță de cimbru uscat mărunțit
- 1/8 linguriță sare
- 1/8 linguriță de piper alb măcinat
- 1/8 linguriță praf de ceapă
- 2 jumătăți de piept de pui fără piele și dezosat
- 1 lingurita ulei vegetal
- 1 C. brânză mozzarella mărunțită
- 1/2 C. pui frunze de spanac
- 3 linguri de parmezan proaspat ras

- 1 roșie roma, tăiată cubulețe

Directii

a) În vasul de lucru al unui mixer mare, prevăzut cu un cârlig de aluat, adăugați apa, zahărul, drojdia și 2 linguri de ulei vegetal și amestecați câteva secunde la viteză mică.
b) Opriți mixerul și adăugați făina și sarea și porniți din nou mixerul la viteză mică și amestecați până când amestecul de făină este combinat complet cu amestecul de drojdie.
c) Acum, dați viteza la mediu-mică și frământați aluatul la mașină timp de aproximativ 10 până la 12 minute.
d) Stropiți aluatul cu făină din când în când dacă se lipește de părțile laterale ale vasului.
e) Modelați aluatul într-o bilă și puneți totul într-un castron uns cu unt și întoarceți aluatul în vas de mai multe ori pentru a acoperi uniform cu ulei.
f) Cu un prosop, acoperiți aluatul și păstrați-l într-un loc cald timp de cel puțin 30 de minute până la 1 oră.

g) Încinge o tigaie mare la foc mediu-înalt și gătește baconul până se rumenește complet.
h) Transferați slănina pe o farfurie căptușită cu un prosop de hârtie pentru a se scurge apoi tocați-o.
i) Într-o tigaie mare, topiți untul și la foc mediu și căliți usturoiul aproximativ 1 minut.
j) Se amestecă smântâna și gălbenușurile de ou și se bate până se omogenizează.
k) Se amestecă aproximativ 1/2 C din parmezan, brânză Romano, nucșoară și sare și se fierbe blând la foc mic.
l) Se fierbe, amestecând continuu, aproximativ 3-5 minute.
m) Se ia totul de pe foc si se tine deoparte.
n) Setați cuptorul la 350 de grade F înainte de a continua.
o) Într-un castron, amestecați cimbrul, chimenul, boia de ardei, ardeiul cayenne, praful de ceapă, 1/8 linguriță de sare și piper alb.
p) Frecați uniform o parte a fiecărui piept de pui cu amestecul de condimente.
q) Într-o tigaie, încălziți 1 lingură de ulei vegetal la foc mare și prăjiți pieptul de pui, partea condimentată, timp de aproximativ 1 minut pe parte.

r) Transferați pieptul de pui pe o tavă de copt.
s) Gătiți totul la cuptor pentru aproximativ 5-10 minute, sau până când este complet gata.
t) Scoateți totul din cuptor și tăiați în felii.
u) Așezați aluatul de pizza pe o suprafață înfăinată și loviți-l, apoi se întinde.
v) Așezați crusta de pizza pe o tavă grea de copt.
w) Cu o furculiță, faceți câteva găuri, în crustă și gătiți totul la cuptor pentru aproximativ 5-7 minute.
x) Scoateți totul din cuptor și puneți uniform sosul Alfredo peste crustă, urmat de brânză mozzarella, felii de pui, frunze de spanac, bacon și 3 linguri de parmezan.
y) Gatiti totul la cuptor pentru aproximativ 15-20 de minute.
z) Serviți cu un topping de roșii rom tocate.

74.   Pizza de Paste

Ingredient

- 1/2 lb. cârnați italieni în vrac
- ulei de masline
- 1 pâine (1 lb.) aluat de pâine congelat, dezghețat
- 1/2 lb. brânză mozzarella feliată
- 1/2 lb. șuncă fiartă feliată
- 1/2 lb. brânză provolone feliată
- 1/2 lb. salam feliat
- 1/2 lb. pepperoni felii
- 1 recipient (16 oz.) brânză ricotta
- 1/2 C. parmezan ras
- 8 oua, batute
- 1 ou
- 1 lingurita apa

Directii

a) Încinge o tigaie mare la foc mediu și gătește cârnații aproximativ 5-8 minute.
b) Scurgeți excesul de grăsime din tigaie și transferați cârnații într-un bol.
c) Setați cuptorul la 350 de grade F și ungeți o tavă cu spumă de primăvară de 10 inci cu ulei de măsline.

d) Tăiați 1/3 din aluat de pe pâine și lăsați deoparte sub o cârpă.
e) Modelați 2/3 din aluat rămase într-o minge și puneți-o pe o suprafață înfăinată, apoi rulați într-un cerc de 14 inchi.
f) Puneți aluatul în tava pregătită, lăsând aluatul să atârne peste margine cu 2 inci de jur împrejur.
g) Pe crustă, puneți jumătate din cârnați gătiți, urmați de jumătate din brânză mozzarella, jumătate din șuncă, jumătate din brânză provolone, jumătate din salam și jumătate din pepperoni.
h) Acoperiți totul cu brânză ricotta, urmată de jumătate din parmezan peste ricotta, jumătate din ouăle bătute.
i) Repetați toate straturile o dată.
j) Întindeți bucata rămasă de aluat de pâine într-un cerc de 12 inci.
k) Așezați bucata peste plăcinta de pizza pentru a forma crusta superioară și rulați, apoi prindeți crusta inferioară peste crusta de sus pentru a sigila umplutura.
l) Într-un castron mic, bateți 1 ou cu apă și ungeți partea de sus a plăcintei cu spălarea ouălor.

m) Gătiți totul la cuptor pentru aproximativ 50-60 de minute sau până când o scobitoare introdusă în centrul crustei iese curată.

75. Pizza Super-Bowl

Ingredient

- 3 cartofi, curatati
- 6 felii de bacon
- 1 pachet (6,5 oz) amestec pentru crusta de pizza
- 1/2 C. apă
- 1/4 C. ulei de măsline
- 1 lingura de unt, topit
- 1/4 linguriță pudră de usturoi
- 1/4 linguriță de condimente italiene uscate
- 1/2 C. smantana
- 1/2 C. Pansament ranch
- 3 cepe verde, tocate
- 1 1/2 C. brânză mozzarella măruntită
- 1/2 C. brânză Cheddar măruntită

Directii

a) Setați cuptorul la 450 de grade F înainte de a face orice altceva.
b) Cu o furculiță, înțepăm cartofii de mai multe ori și aranjează-i pe o tavă de copt.
c) Gatiti totul la cuptor pentru aproximativ 50-60 de minute.

d) Scoateți totul din cuptor și răciți, apoi curățați-le.
e) Încinge o tigaie mare la foc mediu-înalt și gătește baconul timp de aproximativ 10 minute.
f) Transferați slănina pe o farfurie căptușită cu un prosop de hârtie pentru a se scurge apoi sfărâmați-o.
g) Acum, setați cuptorul la 400 de grade F și ungeți ușor o tavă pentru pizza.
h) Într-un castron mare, adăugați amestecul pentru crusta de pizza, uleiul și apa și amestecați cu o furculiță până se omogenizează bine.
i) Se aseaza aluatul pe o suprafata usor infainata si se framanta aproximativ 8 minute.
j) Țineți deoparte aproximativ 5 minute.
k) Modelați aluatul într-un cerc plat și aranjați-l în tava pentru pizza pregătită, lăsând aluatul să atârne puțin peste margine.
l) Gatiti totul la cuptor pentru aproximativ 5-6 minute.
m) Într-un castron mare, amestecați cartofii, untul, pudra de usturoi și condimentele italiene.
n) Într-un castron mic, amestecați smântâna și sosul ranch.

o) Puneți amestecul de smântână uniform peste crustă și acoperiți cu amestecul de cartofi, urmat de slănină, ceapă, brânză mozzarella și brânză Cheddar.
p) Gatiti totul la cuptor pentru aproximativ 15-20 de minute.

76. Pizza cu turtă

Ingredient

- 1 lingurita ulei de masline
- 6 ciuperci crimini, feliate
- 3 catei de usturoi, tocati
- 1 praf de sare si piper negru macinat
- 1 lingurita ulei de masline
- 8 sulițe de sparanghel proaspăt, tăiate și tăiate în bucăți de 2 inci
- 1/2 lb. Bacon afumat cu lemn de mere, tăiat în bucăți de 2 inci
- 1 (12 inchi) crustă de pizza preparată
- 3/4 C. sos marinara preparat
- 1/2 C. brânză mozzarella mărunțită
- 1/2 C. brânză Asiago mărunțită

Directii

a) Setați cuptorul la 400 de grade F înainte de a face orice altceva și tapetați o foaie de copt cu folie.
b) Într-o tigaie mare, încălziți 1 lingură de ulei la foc mediu și căliți ciupercile, usturoiul, sare și piper negru timp de aproximativ 10 minute.
c) Se ia totul de pe foc si se tine deoparte.
d) Într-o altă tigaie mare, încălziți 1 lingură de ulei la foc mediu-mare și gătiți

sparanghelul timp de aproximativ 8 minute, amestecând din când în când.

e) Transferați sparanghelul într-un castron.
f) Reduceți focul la mediu și, în aceeași tigaie, gătiți slănina timp de aproximativ 10 minute.
g) Transferați baconul pe o farfurie tapetată cu un prosop de hârtie pentru a se scurge.
h) Aranjați crusta de pâine pe foaia de copt pregătită.
i) Peste crusta se pune uniform sosul marinara, urmat de amestecul de ciuperci, sparanghel, bacon, branza mozzarella si branza Asiago.
j) Gatiti totul la cuptor pentru aproximativ 12-15 minute.

77. Pizza de dimineață

Ingredient

- 1 lb. cârnați de porc măcinat
- 1 pachet (8 oz.) de aluat pentru rulouri de semilună la frigider, sau după cum este necesar
- 8 oz. brânză cheddar blândă, mărunțită
- 6 ouă
- 1/2 C. lapte
- 1/2 linguriță sare
- piper negru măcinat după gust

Directii

a) Setați cuptorul la 425 de grade F înainte de a face orice altceva.
b) Încinge o tigaie mare la foc mediu și gătește carnea de vită până se rumenește complet.
c) Scurgeți excesul de grăsime din tigaie.
d) Puneți aluatul de rulada semilună pe o tavă de copt unsă de 13x9 inci.
e) Așezați cârnații și brânza cheddar peste aluatul pentru rulada de semilună uniform.

f) Cu folie de plastic, acoperiți vasul de copt și lăsați-l la frigider pentru aproximativ 8 ore până peste noapte.
g) Setați cuptorul la 350 de grade F.
h) Într-un castron, adăugați ouăle, laptele, sarea și piperul negru și bateți bine.
i) Puneți amestecul de ouă peste cârnați și brânză în tava de copt uniform.
j) Cu niște folie, acoperiți tava de copt și gătiți totul la cuptor pentru aproximativ 20 de minute.
k) Acum, setați cuptorul la 325 de grade F înainte de a continua.
l) Descoperiți vasul de copt și gătiți totul la cuptor pentru aproximativ 15-25 de minute.

78. Backroad Pizza

Ingredient

- 1 lb. carne de vită măcinată
- 1 cutie (10,75 oz) supă cremă condensată de ciuperci, nediluată
- 1 (12 inchi) crustă de pizza subțire precoaptă
- 1 pachet (8 oz.) de brânză Cheddar mărunțită

Directii

a) Setați cuptorul la 425 de grade F înainte de a face orice altceva.
b) Încinge o tigaie mare la foc mediu și gătește carnea de vită până se rumenește complet.
c) Scurgeți excesul de grăsime din tigaie.
d) Peste crusta de pizza se pune uniform supa crema de ciuperci si deasupra se pune carnea de vita fiarta, urmata de branza.
e) Gatiti totul la cuptor pentru aproximativ 15 minute.

79. Pizza prietenoase pentru copii

Ingredient

- 1 lb. carne de vită măcinată
- 1 lb. cârnați de porc proaspăt, măcinat
- 1 ceapa, tocata
- 10 oz. brânză americană procesată, tăiată cubulețe
- 32 oz. pâine de secară de cocktail

Directii

a) Setați cuptorul la 350 de grade F înainte de a face orice altceva.
b) Încinge o tigaie mare și gătește cârnații și carnea de vită până se rumenesc complet.
c) Adăugați ceapa și gătiți până se înmoaie și scurgeți excesul de grăsime din tigaie.
d) Se amestecă mâncarea din brânză procesată și se gătește până când brânza se topește.
e) Pe o foaie de biscuiți, puneți feliile de pâine și acoperiți fiecare felie cu o lingură grămadă de amestec de carne de vită.
f) Gatiti totul la cuptor pentru aproximativ 12-15 minute.

80. Pizza în stil Pennsylvania

Ingredient

- 1 pâine (1 lb.) aluat de pâine de grâu integral congelat, dezghețat
- 1/2 C. mii insula dressing
- 2 C. brânză elvețiană măruntită
- 6 oz. corned beef feliat deli, tăiat fâșii
- 1 C. varză murată - clătită și scursă
- 1/2 linguriță de semințe de chimen
- 1/4 C. muraturi de marar tocate (optional)

Directii

a) Setați cuptorul la 375 de grade F înainte de a face orice altceva și ungeți o tavă pentru pizza.
b) Pe o suprafață ușor înfăinată, rulați aluatul de pâine într-un cerc mare de aproximativ 14 inci.
c) Puneți aluatul pe tava pentru pizza pregătită și prindeți marginile.
d) Gatiti totul la cuptor pentru aproximativ 20-25 de minute.
e) Scoateți totul din cuptor și acoperiți uniform cu jumătate din dressingul pentru salată, urmat de jumătate din brânză elvețiană, corned beef, restul de

dressing pentru salată, varza murată și brânza elvețiană rămasă.
f) Acoperiți uniform cu semințele de chimen.
g) Gatiti totul la cuptor pentru aproximativ 10 minute.
h) Scoateți totul din cuptor și acoperiți cu murătura tocată.

81.   Pizza cu unt

Ingredient

- 1 lb. carne de vită măcinată
- 1/4 lb. cârnați pepperoni felii
- 1 cutie (14 oz) de sos de pizza
- 2 pachete (12 oz.) de aluat de biscuiți cu zară
- 1/2 ceapa, taiata felii si despartita in rondele
- 1 cutie (10 oz.) măsline negre feliate
- 1 cutie (4,5 oz.) de ciuperci feliate
- 1 1/2 C. brânză mozzarella mărunțită
- 1 C. brânză Cheddar mărunțită

Directii

a) Setați cuptorul la 400 de grade F înainte de a face orice altceva și ungeți o tavă de copt de 13 x 9 inci.
b) Încingeți o tigaie mare la foc mediu-înalt și gătiți carnea de vită până se rumenește complet.
c) Adăugați pepperoni și gătiți până se rumenesc și scurgeți excesul de grăsime din tigaie.
d) Se amestecă sosul de pizza și se ia totul de pe foc.
e) Tăiați fiecare biscuit în sferturi și aranjați-l în vasul de copt pregătit.

f) Peste biscuiti se pune uniform amestecul de vita si se pune deasupra ceapa, masline si ciuperci.
g) Gatiti totul la cuptor pentru aproximativ 20-25 de minute.

82. Pizza Worcestershire

Ingredient

- 1/2 lb. carne macră de vită
- 1/2 C. ardei cubulete
- 1 1/4 C. sos de pizza
- 1 C. brânză feta mărunțită
- 1/2 linguriță sos Worcestershire
- 1/2 linguriță sos de ardei iute
- sare si piper negru macinat dupa gust
- spray de gatit
- 1 cutie (10 oz) de aluat de biscuiți la frigider
- 1 galbenus de ou
- 1 C. brânză mozzarella mărunțită

Directii

a) Setați cuptorul la 375 de grade F înainte de a face orice altceva și ungeți o foaie de prăjituri.
b) Încingeți o tigaie mare la foc mediu-înalt și gătiți carnea de vită până se rumenește complet.
c) Scurgeți excesul de grăsime din tigaie și reduceți căldura la mediu.
d) Se amestecă sosul de pizza, pepperoni, feta, sosul de ardei iute, sosul Worcestershire, sare și piper și se prăjesc timp de aproximativ 1 minut.

e) Separați biscuiții și aranjați-le pe o foaie de biscuiți pregătită la aproximativ 3 inci una de cealaltă.
f) Cu fundul unui pahar, apăsați fiecare biscuit pentru a forma un biscuit rotund de 4 inci cu margine de 1/2 inch în jurul marginii exterioare.
g) Într-un castron mic, adăugați gălbenușul de ou și 1/4 linguriță de apă și bateți bine.
h) Pune aproximativ 1/4 C. din amestecul de vita in fiecare cana de biscuiti si deasupra cu branza mozzarella.
i) Gatiti totul la cuptor pentru aproximativ 15-20 de minute.

83. Pizza cu carne de vita la gratar

Ingredient

- 1 pachet (12 oz.) Cârnați de vită, tăiați în felii de 1/4 inch.
- 2 pachete (14 oz.) Crusta de pizza italiană de 12 inci
- 2/3 C. sos gratar preparat
- 1 C. ceapa rosie taiata subtire
- 1 ardei gras verde, fara samburi, taiat fasii subtiri
- 2 C. brânză mozzarella măruntită

Directii

a) Setați cuptorul la 425 de grade F înainte de a face orice altceva.

b) Aranjați crusta de pizza pe 2 foi de copt.

c) Intindeti uniform sosul gratar pe fiecare crusta, urmat de carnati, ceapa rosie, ardei si branza mozzarella.

d) Gatiti totul la cuptor pentru aproximativ 20 de minute.

84. Pizza Rigatoni

Ingredient

- 1 1/2 lb. carne de vită măcinată
- 1 pachet (8 oz.) paste rigatoni
- 1 pachet (16 oz.) de brânză mozzarella mărunțită
- 1 cutie (10,75 oz.) supă cremă condensată de roșii
- 2 borcane (14 oz) cu sos de pizza
- 1 pachet (8 oz.) cârnați pepperoni felii

Directii

a) Într-o cratiță mare cu apă clocotită ușor sărată, fierbeți pastele timp de aproximativ 8-10 minute.
b) Se scurge bine si se tine deoparte.
c) Între timp, încălziți o tigaie mare la foc mediu-înalt și gătiți carnea de vită până se rumenește complet.
d) Scurgeți excesul de grăsime din tigaie.
e) Într-un cuptor lent pune carnea de vită, urmată de pastele, brânză, supă, sos și cârnați pepperoni.
f) Setați aragazul lent pe Low și gătiți, acoperit, timp de aproximativ 4 ore.

85. Pizza în stil mexican

Ingredient

- 1 lb. carne de vită măcinată
- 1 ceapa, tocata
- 2 rosii medii, tocate
- 1/2 linguriță sare și 1/4 linguriță piper
- 2 lingurițe de chili pudră și 1 linguriță de chimen măcinat
- 1 cutie (30 oz.) de fasole prăjită
- 14 (12 inchi) tortilla de făină
- 2 C. smantana
- 1 1/4 lb. brânză Colby măruntită
- 1 1/2 lb. brânză Monterey Jack măruntită
- 2 ardei gras roșii, fără semințe și tăiați subțiri
- 4 ardei gras verzi, fara samburi si felii subtiri
- 1 cutie (7 oz) de ardei iute verde tăiat cubulețe, scurs și 3 roșii, tocate
- 1 1/2 C. carne de pui fiartă măruntită
- 1/4 C. unt, topit
- 1 borcan (16 oz.) sos picante

Directii

a) Setați cuptorul la 350 de grade F înainte de a face orice altceva și ungeți o tavă cu jeleu de 15 x 10 inci.
b) Încinge o tigaie mare la foc mediu și gătește carnea de vită până se rumenește complet.
c) Scurgeți excesul de grăsime din tigaie.
d) Adăugați ceapa și 2 roșii și gătiți până se înmoaie.
e) Se amestecă fasolea prăjită, pudra de chili, chimenul, sare și piper și se fierbe până se încălzește complet.
f) Aranjați 6 tortilla pe tava pregătită, cu marginile trecând bine peste părțile laterale ale tigăii.
g) Întindeți uniform amestecul de fasole peste tortilla, urmat de jumătate din smântână, 1/3 din brânză Colby, 1/3 din brânză Monterey Jack, 1 linguriță de ardei iute verzi, 1/3 din fâșii de ardei verde, si 1/3 din fasiile de ardei rosu si 1/3 din rosiile tocate.
h) Puneți 4 tortilla peste toppinguri și acoperiți cu smântâna rămasă, urmată de puiul mărunțit, 1/3 din ambele brânzeturi, ardei gras roșu și verde, ardei iute și roșii.

i) Acum, puneți 4 tortilla, urmate de brânzeturile rămase, ardeii, roșiile, ardeii iute și terminând cu o parte din brânza măruntită deasupra.
j) Îndoiți marginile peste cap spre interior și fixați-le cu scobitorii.
k) Ungeți suprafețele tortilla cu untul topit.
l) Gatiti totul la cuptor pentru aproximativ 35-45 de minute.
m) Scoateți scobitorii și țineți deoparte cel puțin 5 minute înainte de a tăia felii.
n) Serviți cu un topping de sos picante.

86. Pizza mediteraneana

Ingredient

- 2 rosii, fara samburi si tocate grosier
- 1 lingurita sare
- 8 oz. brânză mozzarella mărunțită
- 1 ceapa rosie, tocata grosier
- 1/4 C. busuioc proaspăt tocat
- 1/2 linguriță piper negru măcinat
- 2 linguri ulei de masline
- 3 ardei jalapeno proaspeți, tocați
- 1/2 C. măsline negre feliate
- 1/2 C. ciuperci proaspete feliate
- 1/2 C. sos pizza
- 2 (12 inchi) cruste de pizza precoapte
- 8 oz. brânză mozzarella mărunțită
- 1/4 C. parmezan ras

Directii

a) Setați cuptorul la 450 de grade F.
b) Într-o strecurătoare cu plasă, adăugați roșiile și stropiți uniform cu sare.
c) Păstrați totul în chiuvetă aproximativ 15 minute pentru a se scurge.
d) Într-un castron mare, amestecați cele 8 oz. de mozzarella, rosii scurse, ciuperci, masline, ceapa, ardei jalapeño, busuioc si ulei.

e) Așezați uniform sosul de roșii peste ambele cruste și acoperiți cu amestecul de roșii, urmat de restul de mozzarella și parmezan.
f) Gatiti totul la cuptor pentru aproximativ 8-10 minute.

87. Pizza cu tot cu ardei și ceapă

Ingredient

- 8 oz. cârnați de porc măcinat
- 5 oua, batute usor
- 1 (12 inchi) crustă de pizza pregătită
- 1 C. brânză ricotta
- 1/4 C. ceapa rosie tocata
- 1/4 C. rosie proaspata tocata
- 1/4 C. ardei gras rosu tocat
- 1/4 C. ardei gras verde tocat
- 8 oz. brânză mozzarella mărunțită

Directii

a) Setați cuptorul la 375 de grade F înainte de a face orice altceva.
b) Încinge o tigaie mare la foc mediu-mare și gătește cârnații până se rumenesc complet.
c) Scurgeți excesul de grăsime din tigaie și adăugați ouăle, apoi gătiți până când ouăle se întăresc complet.
d) Aranjați crusta de pizza pe o tavă pentru pizza și acoperiți cu brânză ricotta, lăsând marginile exterioare.

e) Peste branza ricotta se pune amestecul de carnati, urmat de ceapa, rosii, ardei rosu si ardei verde si mozzarella.
f) Gatiti totul la cuptor pentru aproximativ 15 minute.

88. IUBESC pizza

Ingredient

- 3 C. făină de pâine
- 1 (0,25 oz) plic drojdie uscată activă
- 1 1/4 C. apă caldă
- 3 linguri ulei de măsline extravirgin, împărțit
- 3 linguri rozmarin proaspăt tocat
- 1 cutie (14 oz) de sos de pizza
- 3 C. brânză mozzarella mărunțită
- 2 roșii coapte, feliate
- 1 dovlecel, feliat
- 15 felii de pepperoni vegetarian
- 1 cutie (2,25 oz.) măsline negre feliate

Directii

a) Într-o mașină de pâine, adăugați făina, drojdia, apa și 2 linguri de ulei de măsline în ordinea recomandată de producător.
b) Selectați setarea Aluat și apăsați Start.
c) Când ciclul este încheiat, frământați rozmarinul în aluat.
d) Setați cuptorul la 400 de grade F.
e) Împărțiți aluatul în trei părți egale.
f) Modelați fiecare porție de aluat într-o formă de inimă de aproximativ 1/2 inch grosime și ungeți fiecare porție cu uleiul de măsline rămas.

g) Întindeți un strat subțire de sos de pizza peste fiecare pizza uniform și acoperiți cu brânză, urmat de roșii, dovlecei, ardei și măsline.

h) Gatiti totul la cuptor pentru aproximativ 15-20 de minute.

89.   Pizza cu cartofi cu tofu

Ingredient

- 4 cartofi, mărunțiți
- 1 ceapa medie, rasa
- 2 ouă, bătute
- 1/4 C. făină universală
- 2 linguri ulei de masline
- 1 dovlecel, feliat subțire
- 1 dovleac galben, feliat subțire
- 1 ardei gras verde, tocat
- 1 ceapă, feliată subțire
- 2 catei de usturoi, tocati
- 6 oz. tofu ferm, maruntit
- 2 roșii, feliate
- 2 linguri busuioc proaspăt tocat
- 1/2 C. sos de rosii
- 1 C. brânză mozzarella mărunțită fără grăsimi

Directii

a) Setați cuptorul la 425 de grade F înainte de a face orice altceva și ungeți o tavă de copt de 12 inchi.
b) Într-un castron mare, amestecați ceapa rasă, cartofii, făina și oul și puneți amestecul în vasul de copt pregătit, apăsând ușor.

c) Gatiti totul la cuptor pentru aproximativ 15 minute.
d) Ungeți partea de sus a crustei de cartofi cu ulei și gătiți totul la cuptor pentru aproximativ 10 minute.
e) Acum puneți crusta sub broiler și gătiți aproximativ 3 minute.
f) Scoateți crusta din cuptor.
g) Setați din nou cuptorul la 425 de grade F înainte de a continua.
h) Într-un castron mare, amestecați tofu, ardeiul verde, dovleceii galbeni, dovleceii, ceapa feliată și usturoiul.
i) Se încălzește o tigaie mare antiaderentă și se călește amestecul de tofu până când legumele devin fragede.
j) Într-un castron mic, amestecați busuiocul și sosul de roșii.
k) Peste crusta se pune jumatate din sosul de rosii in mod uniform si se pune deasupra legumele fierte si feliile de rosii.
l) Întindeți deasupra uniform sosul rămas și stropiți cu brânză.
m) Gatiti totul la cuptor pentru aproximativ 7 minute.

90. Pizza grecească

Ingredient

- 1 lingurita ulei de masline
- 1/2 C. ceapa taiata cubulete
- 2 catei de usturoi, tocati
- 1/2 (10 oz.) pachet de spanac tocat congelat, dezghețat și stors uscat
- 1/4 C. busuioc proaspăt tocat
- 2 1/4 lingurițe suc de lămâie
- 1 1/2 linguriță de oregano uscat
- piper negru măcinat după gust
- 1 pachet (14 oz.) crusta de pizza la frigider
- 1 lingurita ulei de masline
- 1 C. brânză mozzarella măruntită
- 1 roșie mare, feliată subțire
- 1/3 C. pesmet condimentat
- 1 C. brânză mozzarella măruntită
- 3/4 C. brânză feta măruntită

Directii

a) Setați cuptorul la 400 de grade F înainte de a face orice altceva.
b) Într-o tigaie mare, încălziți 1 lingură de ulei și căliți ceapa și usturoiul timp de aproximativ 5 minute.

c) Adăugați spanacul și gătiți aproximativ 5-7 minute.
d) Se ia totul de pe foc si se adauga imediat oregano, busuiocul, zeama de lamaie si piperul si se lasa deoparte sa se raceasca putin.
e) Desfaceți aluatul de pizza pe o foaie mare de copt și ungeți totul cu 1 linguriță rămasă de ulei de măsline.
f) Peste aluat se pune amestecul de spanac, lasand un mic chenar la margini.
g) Peste spanac se aseaza 1 C. de branza mozzarella.
h) Într-un castron, amestecați pesmetul și feliile de roșii până se îmbracă complet.
i) Asezam feliile de rosii peste branza mozzarella, urmate de restul de 1 C. de branza mozzarella si branza feta.
j) Gatiti totul la cuptor pentru aproximativ 15 minute.

91. Salata de pizza

Ingredient

Crustă

- 1 3/4 C. făină universală
- 1 plic drojdie pentru crusta de pizza
- 1 1/2 linguriță zahăr
- 3/4 lingurite sare
- 2/3 C. apă foarte caldă
- 3 linguri ulei de măsline extravirgin

Toppinguri

- 1 lingurita ulei de masline extravirgin
- 1/4 linguriță pudră de usturoi
- 2 C. brânză mozzarella măruntită
- 1/4 C. ceapa tocata
- 1/4 C. morcovi tocati sau feliati subtiri
- 4 C. salata romana tocata
- 1 C. rosii proaspete tocate
- 1/4 C. dressing italian preparat pentru salată
- 1/4 C. parmezan măruntit

Directii

a) Setați cuptorul la 425 de grade F înainte de a face orice altceva și aranjați grătarul în treimea inferioară a cuptorului.

b) Ungeți o tavă pentru pizza.
c) Pentru crusta într-un castron mare, adăugați făina, zahărul, drojdia, uleiul și apa călduță și amestecați până se omogenizează bine.
d) Adăugați încet făina rămasă și amestecați pana se formează un aluat ușor lipicios.
e) Puneți aluatul pe o suprafață înfăinată și frământați-l până devine elastic
f) Puneți aluatul pe tava pentru pizza pregătită și apăsați-l.
g) Cu degetele, prindeți marginile pentru a forma marginea.
h) Ungeți crusta cu 1 lingură de ulei și stropiți cu pudră de usturoi.
i) Într-un castron, amestecați morcovii, ceapa și brânza mozzarella.
j) Acoperiți crusta cu amestecul de morcovi uniform și gătiți totul la cuptor pentru aproximativ 15-18 minute.
k) Între timp, într-un bol, amestecați restul.
l) Scoateți totul din cuptor și lăsați-l deoparte să se răcească aproximativ 2-3 minute.
m) Acoperiți pizza cu amestecul de parmezan și serviți imediat.

92. Desert Pizza

Ingredient

- 1 1/2 C. făină universală
- 2 lingurite de bicarbonat de sodiu
- 1 lingurita sare
- 2 1/3 C. ovăz rulat
- 1 C. unt
- 1 1/2 C. zahăr brun la pachet
- 2 oua
- 1/2 linguriță extract de vanilie
- 1 1/2 C. nucă de cocos mărunțită
- 2 C. chipsuri de ciocolată semidulce
- 1/2 C. nuci tocate
- 1 C. bucăți de ciocolată acoperite cu bomboane
- 1 C. arahide

Directii

a) Setați cuptorul la 350 de grade F înainte de a face orice altceva și ungeți 2 tavi pentru pizza (10 inchi).
b) Într-un castron mare, amestecați făina, bicarbonatul de sodiu și sarea.

c) Într-un alt castron, adăugați untul, ouăle, zahărul brun și vanilia și bateți până se omogenizează.
d) Adăugați amestecul de făină în amestecul de unt și amestecați totul până când totul este bine combinat.
e) Îndoiți nucile și 1/2 C. de nucă de cocos.
f) Împărțiți aluatul în 2 porții și puneți fiecare porție în tava pentru pizza pregătită, presând totul în cercuri de 10 inci.
g) Gatiti totul la cuptor pentru aproximativ 10 minute.
h) Scoateți totul din cuptor și acoperiți totul cu nucă de cocos rămasă, fulgi de ciocolată, bomboane și alune.
i) Gatiti totul la cuptor pentru aproximativ 5-10 minute.

93. Picnic Mini Pizza

Ingredient

- 1/2 lb. cârnați italieni măcinați
- 1/2 linguriță sare de usturoi
- 1/4 linguriță de oregano uscat
- 1 C. ananas zdrobit, scurs
- 4 brioșe englezești, împărțite
- 1 conserve (6 oz.) de pastă de tomate
- 1 pachet (8 oz.) de brânză mozzarella mărunțită

Directii

a) Setați cuptorul la 350 de grade F înainte de a face orice altceva și ungeți ușor o tavă de copt.
b) Încingeți o tigaie mare la foc mediu-mare și gătiți cârnații italieni până se rumenesc complet.
c) Scurgeți excesul de grăsime și transferați cârnații într-un bol.
d) Adăugați ananasul, usturoiul, oregano și sarea și amestecați bine.
e) Puneți jumătățile de brioșe englezești pe foaia de copt pregătită într-un singur strat.

f) Întindeți sos de roșii peste jumătățile de brioșe și acoperiți cu amestecul de cârnați și brânză mozzarella.
g) Gatiti totul la cuptor pentru aproximativ 10-15 minute.

94. Pizza cu nuci tropicale

Ingredient

- 1 crustă de pizza gata preparată
- 1 lingurita ulei de masline
- 1 recipient (13,5 oz.) cremă de brânză cu aromă de fructe
- 1 borcan (26 oz.) felii de mango, scurse și tocate
- 1/2 C. nuci tocate

Directii

a) Gătiți crusta de pizza în cuptor conform pachetului.
b) Ungeți crusta cu ulei uniform.
c) Întindeți crema de brânză peste crustă și acoperiți cu mango și nuci tocate.
d) Tăiați felia dorită și serviți.

95. Pizza cu pui cu afine

Ingredient

- 2 jumătăți de piept de pui fără piele și dezosat, tăiate în bucăți mici
- 1 lingurita ulei vegetal
- 1 (12 inchi) crustă de pizza pregătită
- 1 1/2 C. sos de afine
- 6 oz. Brânză brie, tocată
- 8 oz. brânză mozzarella mărunțită

Directii

a) Setați cuptorul la 350 de grade F
b) Într-o tigaie, încălziți uleiul și prăjiți puiul până când este complet fiert.
c) Întindeți sosul de merișoare peste crusta de pizza pregătită și acoperiți cu pui, urmat de brie și mozzarella.
d) Gatiti totul la cuptor pentru aproximativ 20 de minute.

96. Pizza dulce si sarata

Ingredient

- 1 C. apă călduță
- 1 (0,25 oz) plic drojdie uscată activă
- 3 C. făină universală
- 1 lingurita ulei vegetal
- 1 lingurita sare
- 8 smochine uscate
- 1 ceapă roșie medie, feliată subțire
- 1 lingurita ulei de masline
- 1 praf sare
- 1 lingurita de cimbru uscat
- 1 lingurita de seminte de fenicul
- 4 uncii. brânză de capră
- 1 lingură ulei de măsline, sau după nevoie

Directii

a) Intr-un castron mare, adauga apa si presara deasupra drojdia.
b) Păstrați totul deoparte câteva minute sau până când se dizolvă complet.
c) Adăugați făina, sarea și uleiul și amestecați până se formează un aluat tare.

d) Se aseaza aluatul pe o suprafata infainata si se framanta aproximativ 5 minute.
e) Transferați aluatul într-un bol uns cu unt și acoperiți cu un prosop de bucătărie.
f) Ține totul deoparte aproximativ 45 de minute.
g) Intr-un vas cu apa clocotita adaugam smochinele si tinem deoparte aproximativ 10 minute.
h) Scurgeți smochinele apoi tocați-le.
i) Între timp, într-o tigaie, încălziți 1 lingură de ulei la foc mediu și căliți ceapa până se înmoaie.
j) Reduceți focul la mic și asezonați cu sare.
k) Se prăjește încă aproximativ 5-10 minute.
l) Se amestecă smochinele, cimbrul și semințele de fenicul și se ia totul de pe foc.
m) Setați cuptorul la 450 de grade F și ungeți ușor o tavă pentru pizza.
n) Întindeți aluatul de pizza și întindeți-l într-un cerc gros de 1/4 inch.
o) Puneți aluatul pe tava pentru pizza pregătită și ungeți ușor suprafața cu uleiul de măsline rămas.

p) Întindeți uniform amestecul de smochine peste crustă și acoperiți totul cu brânză de capră sub formă de puncte.
q) Gatiti totul la cuptor pentru aproximativ 15-18 minute.

97. Pizza Dijon de toamnă

Ingredient

- 1 crusta de pizza precoapta
- 2 catei de usturoi, tocati
- 1 linguriță muștar de Dijon
- 2 crengute de rozmarin proaspat, tocate
- 1/4 C. otet de vin alb
- 1/2 C. ulei de măsline
- 1/4 C. brânză albastră mărunțită
- sare si piper dupa gust
- 1/4 C. brânză albastră mărunțită
- 1/3 C. brânză mozzarella mărunțită
- 2 pere - decojite, dezlipite si feliate
- 1/4 C. bucăți de nucă prăjită

Directii

a) Setați cuptorul la 425 de grade F înainte de a face orice altceva
b) Într-o tavă pentru pizza, puneți crusta de pizza.
c) Gatiti totul la cuptor pentru aproximativ 5 minute.
d) Scoateți totul din cuptor și lăsați-l deoparte să se răcească complet.
e) Într-un robot de bucătărie, adăugați usturoiul, rozmarinul muștar de Dijon și oțetul și pulsul până se omogenizează.

f) În timp ce motorul funcționează, adăugați încet uleiul și pulsați până se omogenizează.
g) Adăugați aproximativ 1/4 C din brânză albastră, sare și piper și pulsați până se omogenizează.
h) Întindeți uniform vinaigreta peste crusta de pizza și stropiți cu brânză albastră rămasă, apoi cu brânză mozzarella.
i) Acoperiți totul cu feliile de pere apoi cu nucile prăjite.
j) Gatiti totul la cuptor pentru aproximativ 7-10 minute.

98. Pizza cu unt de gorgonzola

Ingredient

- 1/8 C. unt
- 2 cepe mari Vidalia, feliate subțiri
- 2 lingurite de zahar
- 1 pachet (10 oz.) aluat de pizza refrigerat
- 1 lb. brânză Gorgonzola, măruntită

Directii

a) Într-o tigaie mare, topiți untul la foc mediu și căliți ceapa timp de aproximativ 25 de minute.
b) Se amestecă zahărul și se fierbe, amestecând continuu, timp de aproximativ 1-2 minute.
c) Setați cuptorul la 425 de grade F și ungeți o tavă pentru pizza.
d) Puneți aluatul pe tava pentru pizza pregătită și apăsați-l la grosimea dorită.
e) Peste crusta se aseaza uniform ceapa, urmata de Gorgonzola.
f) Gatiti totul la cuptor pentru aproximativ 10-12 minute.

99. Pizza cu struguri cu rucola

Ingredient

- 16 oz. aluat de pizza prefabricat
- 1/2 C. Sos pentru paste
- 1/2 C. mozzarella cu lapte integral mărunțit
- 1/2 C. brânză provolone măruntită
- 1/4 C. brânză de capră, măruntită
- 1/4 C. nuci de pin
- 10 struguri roșii, tăiați la jumătate
- 1/4 C. rucola, tocata marunt
- 1 lingurita frunze de rozmarin uscate
- 1 lingurita oregano uscat
- 1/2 lingurița coriandru uscat

Directii

a) Setați cuptorul la 475 de grade F înainte de a face orice altceva și ungeți o foaie de copt.
b) Aranjați bila de aluat de pizza pe foaia de copt pregătită și aplatizați subțire centrul aluatului.
c) Crusta ar trebui să aibă un diametru de 12-14 inci.
d) Într-un castron, amestecați împreună sosul de paste, rucola, coriandru și oregano.

e) Întindeți amestecul de sos peste aluat uniform.
f) Peste sos puneți uniform mozzarella și brânzeturile provolone.
g) Acoperiți totul cu strugurii, urmați de rozmarin, brânză de capră și nuci de pin.
h) Gatiti totul la cuptor pentru aproximativ 11-14 minute.

100. Pizza în stil francez

Ingredient

- 1 crustă subțire de pizza
- 2 C. struguri roșii, tăiați în jumătate
- 1/2 lb. cârnați italieni, rumeniți și mărunțiți
- 6 oz. brânză proaspătă de capră
- ulei de măsline extra virgin
- sare si piper

Directii

a) Setați cuptorul la 450 de grade F înainte de a face orice altceva.
b) Aranjați crusta de pizza pe o tavă pentru pizza.
c) Ungeți crusta cu ulei și stropiți cu sare și piper negru.
d) Puneți cârnații peste crusta de pizza, urmați de struguri și brânză de capră.
e) Gatiti totul la cuptor pentru aproximativ 13-15 minute.

CONCLUZIE

Deși este unul dintre cele mai simple și mai populare alimente din lume, pizza este ciudat de greu de definit. Secole de evoluție l-au transformat din chiftelele făcute din piure de cereale care au fost cele mai vechi antecedente ale sale într-un fel de mâncare care, deși este legat de acele prăjituri de cereale timpurii, este aproape de nerecunoscut ca descendentul lor. Cea mai semnificativă este schimbarea ingredientului primar, de la diverse cereale grosiere la un aluat exclusiv pe bază de grâu și, eventual, la un fel de mâncare făcut aproape exclusiv cu făină albă.

Cu toate acestea, deși pizza a luat multe forme, iar compoziția, toppingurile, condimentele, metodele de preparare și echipamentele folosite pentru a o face s-au modificat radical de-a lungul anilor, de obicei a fost o pâine coaptă la temperaturi ridicate.

www.ingramcontent.com/pod-product-compliance
Lightning Source LLC
Chambersburg PA
CBHW070500120526
44590CB00013B/708